ORIGINES RELIGIEUSES

DE

BORDEAUX.

Bordeaux. — Typ. Vᵉ Justin Dupuy et Comp., rue Gouvion, 20.

ESSAI
SUR LES
ORIGINES RELIGIEUSES
DE BORDEAUX
ET SUR
SAINT SEURIN D'AQUITAINE.

LETTRE ADRESSÉE A S. ÉM. MONSEIGNEUR LE CARDINAL DONNET,
ARCHEVÊQUE DE BORDEAUX.

PAR

L. W. RAVENÈZ.

A la suite de Rome, et par elle, tout
l'Occident est venu à Jésus-Christ et
nous y sommes venus des premiers.
(BOSSUET).

PARIS	BORDEAUX
CHEZ J. B. DUMOULIN,	CHEZ DUCOT, LIBRAIRE-ÉDIT.
quai des Augustins, 13.	rue Ste-Catherine, 145.

Septembre 1861.

Lettre à l'Auteur.

Monsieur,

J'ai lu votre travail sur les *Origines de l'Eglise de Bordeaux* avec toute l'attention que me commandaient et la volonté de Son Em. Mgr le Cardinal-Archevêque et l'importance du sujet par vous traité. — J'y étais d'ailleurs puissamment incité par la connaissance que j'avais déjà du mérite littéraire du traducteur de l'*Alsatia illustrata* et de l'érudition de l'auteur des recherches sur *les Origines des Eglises de Reims, de Soissons et de Châlons*.

En abordant une matière si controversée depuis deux siècles, vous n'avez pu, Monsieur, vous faire illusion sur les difficultés de plus d'un genre que rencontrerait nécessairement la thèse dont vous vous êtes fait l'ardent et intelligent défenseur. — Ces difficultés ont été par vous, pour la seconde fois, abordées franchement et victorieusement.

Vos réflexions et, en particulier, celles contre l'argument négatif ne pouvaient être plus décisives, et vos appréciations empruntées à la persécution de Chrocus m'ont paru ajouter à la force des raisonnements produits jusqu'à ce jour par vos nombreux et érudits prédécesseurs.

On pourra peut-être vous contester quelques considérations accessoires, mais votre publication n'en sera pas moins, et tout à la fois, l'expression d'un savoir élevé et une donnée précieuse dans ce débat grave et solennel.

Vous aurez ainsi, Monsieur, puissamment contribué à dissiper le nuage dont des préjugés trop communs avaient couvert l'origine de l'Eglise de Bordeaux; car, il n'est pas un seul de vos lecteurs qui n'adhère, après vous avoir lu, à cette double conclusion :

La foi chrétienne fut portée aux Aquitains avant la fin du Ier siècle, et c'est de la bouche de saint Martial qu'ils en reçurent les premiers enseignements.

Ces deux faits fondamentaux étant prouvés, une nouvelle tâche s'imposait à vous; car vous aviez à répondre à cette autre question : Quels furent les fruits de cette prédication apostolique ?

Quelques pensées générales pouvaient seules trouver place dans votre rapide exposé; et elles n'y ont pas fait défaut; mais elles seront impuissantes à satisfaire la curiosité vivement excitée de vos lecteurs. Evidemment ils attendront de vous ce que vos premières pages leur auront fait pressentir. Sans crainte, je me fais à l'avance leur interprète fidèle en appelant votre activité laborieuse et féconde sur ce champ si vaste et jusqu'ici trop peu exploité.

La mission de saint Martial et l'épiscopat de Léonce II, que Fortunat désigne comme le 13ᵉ archevêque de Bordeaux, vous tracent les limites opposées et extrêmes de ce travail important.

Vous trouverez, dans le cours de cette période d'environ cinq cents ans, des points nombreux et intéressants à éclaircir. Permettez-moi, Monsieur, de vous en signaler quelques-uns.

1° Combien d'évêques ont précédé Oriental sur le siége de Bordeaux?

2° Saint Gilbert ou Sigibert, a-t-il des droits légitimes à prendre un rang et le premier rang parmi ces Pontifes?

3° Une saine critique n'autorise-t-elle pas à placer entre Oriental et saint Delphin, un évêque resté inconnu?

4° Saint Seurin de Bordeaux est-il bien saint Seurin de Cologne?

5° Gallicin, n'a-t-il point été promu au siége de Bordeaux après la persécution des Goths?

6° L'évêque martyrisé dans cette persécution, n'est-il point le Pontife martyr que l'Eglise de Bordeaux vénère de temps immémorial sous le nom de saint Fort?

7° *Léontius Priscus,* dont parle Sidoine Appollinaire, ne serait-il pas l'évêque Léonce premier de ce nom?

C'est plus que de la hardiesse, Monsieur, que de vous convier publiquement à ces rudes recherches; mais vos travaux nombreux, et en particulier votre traduction de l'*Alsatia illustrata*, m'ont appris que le dur labeur, loin d'intimider votre courage, stimule votre énergie.

Je suis heureux et je me tiens pour honoré de la mission qui m'a permis de rendre ce témoignage à votre zèle et à votre savoir. Je serai plus heureux encore s'il m'est donné, en acquittant cette dette de justice, d'ouvrir une nouvelle voie à votre infatigable amour de la vérité.

Daigne la Providence vous en assurer les loisirs !...

J'ai l'honneur d'être, etc.

Le Doyen de la Faculté de Théologie,
L'abbé SABATIER.

P. S. Vous ferez, je crois, chose bonne et utile en publiant, à la suite de votre travail, les pages que vous avez lues devant le Congrès scientifique, sur l'identité de saint Seurin de Bordeaux et de saint Seurin de Cologne. — Si ces pages ne renferment pas le dernier mot sur la question soulevée à ce sujet par les Bollandistes, vous n'en aurez pas moins le mérite d'avoir pris l'initiative dans une opposition qui ne se laissera pas facilement désarmer, n'eut-elle entre ses mains que les armes de bon aloi dont vous vous êtes servi.

A SON ÉMINENCE

Mgr LE CARDINAL DONNET

ARCHEVÊQUE DE BORDEAUX.

Monseigneur,

Je prends la liberté d'offrir à votre Eminence une dissertation que j'ai publiée, en 1857, sur les Origines des Églises de Reims, de Châlons et de Soissons (1).

L'Académie impériale de Reims a décerné à ce travail son grand prix d'histoire; Mgr le Cardinal Gousset en a adopté les conclusions (2); à ces titres, j'ose espérer que

---

(1) Cet ouvrage est épuisé et ne se trouve pas dans le commerce.

(2) On lit dans l'*Ordo* du diocèse de Reims, de l'année 1857 :
« Reims, Métropole, compte depuis saint Sixte, apôtre de Reims, *au milieu du IIIe siècle*, 90 archevêques... » Et celui de 1858, porte :
« Reims, Métropole, compte depuis saint Sixte, *disciple de saint Pierre, prince des Apôtres et consacré par lui premier Evêque de Reims*, 99 archevêques, etc. »

Vous daignerez accueillir l'auteur et son livre avec cette indulgence qui est la moindre de Vos vertus.

Sans doute, si Elle consent à en parcourir quelques pages, Votre Eminence sera frappée de ce que, parlant des principales Eglises de France, j'aie gardé un silence presque complet sur celle de Bordeaux, l'une des plus glorieuses par son antiquité, par l'illustration et la science des Prélats qui l'ont gouvernée.

L'excuse me sera facile. Peu de temps avant moi, l'abbé Arbelot, chanoine de Limoges, avait publié sur saint Martial (1) un Mémoire qui faisait remonter la mission de cet apôtre au temps même de saint Pierre, et qui fournissait, à l'appui de cette assertion, une masse compacte de preuves irréfragables.

La moisson de ce savant m'avait paru complète, et j'aurais craint d'être taxé de témérité si j'avais osé essayer de glaner après lui.

Cependant, depuis le peu de temps que je suis à Bordeaux, j'ai reconnu combien la vérité était lente à se produire et combien il était difficile de détruire un préjugé, une erreur lorsqu'ils se sont une fois enracinés dans les esprits.

J'ai donc pensé que je ferais une œuvre utile en élevant ma faible voix en faveur de l'antiquité de l'Eglise de Bordeaux, en réclamant pour elle aussi une origine apostolique, en démontrant que, depuis saint Pierre, son siége épiscopal a toujours été occupé, sauf aux époques terribles où la main des persécuteurs et le glaive des barbares frappaient les pasteurs et dispersaient les troupeaux.

---

(1) Dissertation sur l'*Apostolat de saint Martial et sur l'antiquité des Eglises de France;* in-8º, Paris, chez *Lecoffre*, 1855.

§ I.

ÉTAT DE LA QUESTION. — GRÉGOIRE DE TOURS. — SULPICE SÉVÈRE.

Avant tout, qu'il me soit permis de rappeler en quelques mots l'état de la question.

Jusqu'au milieu du XVIIe siècle, les principales Eglises de France, se basant sur des traditions immémoriales, faisaient remonter leur origine aux temps apostoliques, et nul n'était jamais venu contester cette croyance.

A cette époque, deux hommes se rencontrèrent, qui s'imaginèrent de renverser les traditions. Le premier est le chanoine Descordes, une des illustrations scientifiques du Limousin, qui, étudiant la vie de saint Martial, crut devoir rejeter au troisième siècle l'époque de la mission de cet apôtre. Le second est le trop célèbre Launoy, Launoy, le *dénicheur des saints,* ce fougueux novateur, qui eut le triste honneur de recevoir d'un Pape l'épithète de *impudentissime mentitus.* Launoy attaqua hardiment les traditions ; il affirma que l'origine des principales Eglises de France ne remontait pas au-delà de la seconde moitié du troisième siècle, et il rejeta comme fabuleuses, apocryphes et falsifiées toutes les légendes qui contredisaient sa doctrine. Il n'avait en faveur de son opinion que deux textes, l'un emprunté à Grégoire de Tours, l'autre à Sulpice Sévère. Mais il était très érudit : il éleva sur cette base si frêle un tel édifice de preuves, qu'il rallia autour de lui la majorité des savants de son époque. Ce fut en vain que les

Millet, les Du Saussay, les de Marca, les Noël Alexandre, les Jean Smith, les auteurs de l'*Art de vérifier les dates* firent entendre d'énergiques protestations; leur voix fut couverte par celle de Descordes, d'Ellie du Pin, de Tillemont, de Baillet, de Ruinart, de Fleury, de Longueval... Bientôt chacun fut convaincu que les traditions léguées par nos pères n'étaient qu'un amas de fables ridicules; l'origine de tous les documents fut niée; on contesta la valeur des martyrologes; les chartes, scrutées à la loupe, furent entachées de faux, et l'on assigna au règne de Charlemagne l'époque de la falsification des titres et des légendes.

Un certain nombre d'évêques, frappés de ce déluge de preuves, se hâtèrent de réformer leurs Bréviaires, et, malgré les réclamations qui s'élevèrent de toutes parts du fond de leurs diocèses, ils adoptèrent l'opinion des novateurs.

Aujourd'hui encore cette opinion est un dogme pour les plus célèbres de nos historiens. C'est en vain que quelques-uns de nos plus éminents prélats sont revenus à la tradition; c'est en vain que les Bollandistes, l'abbé Faillon, le père Piolin, l'abbé Chaussier, le chanoine Lottin, l'abbé Arbelot, tant d'autres encore ont démontré qu'elle présentait seule les caractères de la vérité; il reste et demeure acquis que les Apôtres et leurs disciples ont systématiquement négligé la Gaule; que la foi y a été, pour ainsi dire, prêchée par hasard, presque malgré eux, et seulement dans la seconde moitié du IIIe siècle. L'Académie des Inscriptions ne daigne pas ouvrir un livre qui professe une doctrine opposée.

Les textes sur lesquels s'appuient les adversaires de la tradition sont trop importants pour ne pas les reproduire ici.

Voici celui de Grégoire de Tours :

« Du temps de Dèce, sept personnages ordonnés évêques

furent envoyés pour prêcher dans les Gaules, comme le raconte l'histoire du martyre de saint Saturnin; car elle dit : « Sous le consulat de Dèce et Gratus, comme on s'en souvient par une tradition fidèle, la ville de Toulouse commença à avoir saint Saturnin pour Evêque. » Voici donc ceux qui furent envoyés : aux habitants de Tours, l'évêque Gatien ; à ceux d'Arles, l'évêque Trophime; à Narbonne, l'évêque Paul; à Toulouse, l'évêque Saturnin; aux Parisiens, l'évêque Denis; aux Arvernes, l'évêque Austremoine; à Limoges, l'évêque Martial (1). »

Le texte de Sulpice Sévère est ainsi conçu : (2).

« Après Adrien, sous le gouvernement d'Antonin le Pieux, il y eut paix pour les Eglises. Ensuite sous Aurélien, fils d'Antonin, s'éleva la cinquième persécution : alors seulement il y eut des martyres dans les Gaules, *serius trans Alpes Dei religione susceptâ.* »

Certes ces deux textes sont précis. Ils sont, il est vrai, en contradiction formelle l'un avec l'autre, puisque Grégoire de Tours fait arriver ses évêques en 250, et que la cinquième

(1) Hujus (Decii) tempore, septem viri episcopi ordinati ad prædicandum in Gallias missi sunt, sicut historia passionis sancti martyris Saturnini denarrat. Ait enim : « Sub Decio et Grato consulibus, sicut fideli recordatione retinetur, primum ac summum Tolosana civitas sanctum Saturninum habere cœperat sacerdotem. » Hi ergò missi sunt : Turonicis, Gatianus Episcopus; Arelatensibus Trophimus Episcopus; Narbonæ Paulus Episcopus; Tolosæ Saturninus Episcopus; Parisiacis Dionysius Episcopus, Arvernis Stremonius Episcopus, Lemovicinis Martialis est destinatus episcopus (*Hist. Franç.*, L. 1. Cap. 28.)

(2) Post Adrianum, Antonino Pio imperante, pax Ecclesiis fuit, Sub Aurelio deinde, Antonini filio, persecutio quinta agitata : ac tunc primùm intra Gallias martyria visa, serius trans Alpes Dei religione susceptâ.

persécution eut lieu en 177. Il est vrai aussi que Sévère est démenti par Orose, son contemporain ; car ce dernier nous assure que la première persécution dont furent frappées les Gaules eut lieu par ordre de Néron : Primus Nero Christianos suppliciis affecit, *ac per omnes provincias pari persecutione excruciari imperavit.* Puis en parlant de Domitien il nous apprend que la foi chrétienne avait jeté de son temps de très profondes racines sur toute la terre et qu'il entreprit de l'arracher partout :

Domitianus confirmatissimam toto orbe Christi ecclesiam datis ubique crudelissimis persecutionis edictis convellere ausus est. (*Hist.* lib. 7.) — Mais il paraît que, malgré ces contradictions, les textes de Grégoire de Tours et de Sulpice Sévère ont une grande valeur intrinsèque, car ils sont le champ de bataille sur lequel déjà tant de flots d'encre ont coulé et couleront encore.

Depuis que Descordes et Launoy ont commencé la querelle, leurs adversaires ont entassé les textes pour démontrer l'inanité de leurs prétentions. Ils en ont trouvé partout : dans les actes des apôtres, dans les Pères de l'Eglise, dans les brefs des Papes, dans les Conciles, dans les procès que se sont suscités diverses Eglises à propos de la suprématie et dans les historiens du temps. Ces textes se sont reproduits dans une foule d'ouvrages bien connus. Ils ont été publiés par Bondonnet (1), par le P. Mathoud (2), par Labenazie (3), par Millet (4), que sais-je encore. — De nos jours

---

(1) *Vie des Evêques du Mans.*

(2) *De verâ Senonum origine Christianâ.*

(3) *Défense de l'antiquité des Eglises de France.*

(4) *Vindicata Ecclesia Gallic. de suo Dionysio gloria.*

l'abbé Arbelot en a semé son ouvrage; je les ai recueillis moi-même. Le père Van Hecke, un des illustres successeurs de Bollandus, a fait précéder la vie de saint Florentin d'une dissertation qui est un chef-d'œuvre. Enfin l'abbé Faillon a élevé en l'honneur de la tradition ce magnifique travail, l'ouvrage le plus érudit qui ait paru depuis 200 ans et qui a pour titre : *Dissertation sur l'apostolat de Sainte-Marie Magdelaine.*

Ce n'est donc pas le lieu de les reproduire; d'ailleurs les bornes d'une simple lettre ne le permettent pas. — Je veux essayer de démontrer par une autre voie que les deux textes précités ne supportent pas l'examen; je veux prouver par Sulpice Sévère et par Grégoire de Tours eux-mêmes qu'ils se sont trompés, et je n'emploierai dans ce but que des documents dont personne ne pourra contester l'origine. — Cette tâche remplie, il me sera facile de préciser l'époque de la prédication de la foi à Bordeaux.

§ II.

ÉGLISE DE LYON.

S'il est un fait historique dont l'authenticité soit bien démontrée, c'est l'existence de l'Eglise de Lyon, en 150, alors que saint Photin en était l'évêque. J'ai avancé ailleurs qu'il n'était pas probable que ce glorieux martyr en eût été le fondateur; — je me suis appuyé sur la lettre écrite par l'Eglise de Lyon à ses Sœurs de l'Asie, et où il est dit que Photin *régissait* alors l'épiscopat. Avant moi, Labenazie (1) avait

(1) *Défense*, etc., page 84.

soutenu la même opinion, mais en s'appuyant sur l'autorité d'Eusèbe. « Eusèbe, en parlant de saint Photin, ne dit pas qu'il érigea l'évêché de Lyon, mais que cet évêché lui fut commis. Il était donc érigé auparavant... » J'aurais pu être plus affirmatif et soutenir que l'Eglise de Lyon avait été fondée presque aussitôt après la dispersion des Apôtres.

On a découvert au XVe siècle, dans cette ville, deux inscriptions, aujourd'hui disparues, qui ont été citées par Gruter (1), Bellièvre (2), Spon (3), Menestrier (4), Colonia, et dessinées par Syméoni.— M. de Boislieu les a reproduites d'après ce dernier dans son remarquable ouvrage sur les *Inscriptions antiques de Lyon* (5). — Elles ont donc un caractère d'authenticité incontestable, et je puis les citer sans crainte de les voir rejetées :

NOBILIS TIB.
CAESARIS AVG
SER. AEQ. MONET
HIC ADQVIESCIT.
IVLIA ADEPTA CONIVX
ET PERPETVA FILIA D. S. D. (6).

IULIA ADEPTA
HIC ADQVIESCIT
L. IVLIVS CVPITVS
MATRI ET SODALES
DE SVO ET PERPETVA
FIL.

(1) DLXXXIII. X. 8. — (2) *Lugd. Prisc.*. 118. — (3) *Rech.*, 22. — (4) *Hist. Consul.* pag. 98. — (5) Pag. 281 et suiv.
(6) Nobilis Tiberii Cœsaris Augusti (libertus) servator æquitatis Monetæ hic adquiescit. Julia Adepta conjux et Perpetua filia de suo dedicaverunt.

La plupart des épigraphistes ont reconnu que ces inscriptions appartenaient à la religion chrétienne. La croix que forme le T du mot MONET, la formule *hic adquiescit* sont, en effet, deux indices à peu près irrécusables.

Mais cette opinion n'a pas été celle de M. Leblant, qui a refusé à cette inscription une place dans ses *Inscriptions chrétiennes de la Gaule*. Il est vrai que M. Leblant n'admet pas *à priori* que le christianisme ait été prêché dans nos contrées avant le milieu du IIIe siècle (2).

(2) Par le même motif, M. Leblant n'accepte pas comme chrétienne l'inscription suivante :

MERVLA ET CA.....
D λ M.
ET MEMORIAE
AETERNAE
SVTIAE ANTHIDIS
QVAE VIXIT ANNIS XXV
M. IX D. V. QVE DVM
NIMIA PIA FVIT. FACTA
EST IMPIA. ET ATTIO PRO
BATIOLO CERIALVS CA
LISTIO CONIVX ET
PATER ET SIBI
VIV.... PONENDVM
CVRAVIT. ET SVB AS
CIA DEDICAVIT.

Cette inscription est de la fin du IIe siècle. La formule : *quæ dum nimia Pia fuit facta est impia* indique assez la conversion de Sutia Anthis au christianisme ; et si son père et son mari l'on ensevelie *sub ascia*, c'est qu'ils ont voulu racheter autant qu'il était en eux la faute de cette jeune femme et soustraire son tombeau aux violences des païens.

Voyez, au sujet de cette inscription, la dissertation de Walchius, dans le 2e vol. du Supplément de Muratori, publié en 1775, par Donati, pag. 129.

J'accepte donc pour un instant sa sentence; — j'admets que Photin est le premier évêque de Lyon, et saint Irénée, son successeur, le second.

Mais, pendant la durée de son épiscopat, saint Irénée a présidé deux conciles, l'un contre les hérétiques, l'autre pour fixer le jour de la célébration de la Pâque, et Sirmond reconnaît qu'il fut assisté dans le premier par douze évêques et par treize dans le second.

Mais si la religion de Dieu a été accueillie tardivement au-delà des Alpes; si les principaux évêques dont s'honore l'Eglise de France n'ont été envoyés dans les Gaules qu'au IIIe siècle, d'où venaient les Pères de ces Conciles? De l'étranger? le fait n'est pas présumable. Malgré la rapidité vertigineuse que les Romains savaient imprimer à leurs voyages, il n'est pas probable que des évêques d'Espagne et d'Italie se fussent dérangés de leurs sièges pour répondre à l'appel d'un humble prêtre grec.

Venaient-ils de la Gaule? Il y avait donc au moins treize Eglises, puisque treize évêques ont signé les Actes du concile.

Je demande alors où ces Eglises étaient situées?

On me répondra que peut-être on vit figurer à cette réunion l'évêque de Saintes, car Grégoire nous apprend que saint Eutrope(1), le premier de ces évêques, fut envoyé dans cette ville par saint Clément. Peut-être aussi l'Eglise de Narbonne y fut-elle représentée, car, malgré le texte de Grégoire de Tours (2), les auteurs de l'*Art de vérifier les dates*, Fleury (3),

---

(1) Eutropius quoque, martyr Santoniæ urbis, à beato Clemente episcopo fertur directus in Gallias, ab eodem etiam pontificalis ordinis gratia ordinatus est (*Gloria martyrum*, LVI).

(2) Pag. 237, édit. de 1778. — (3) *Hist. ecclés.* Liv. II. no 7.

le P. Longueval (1), les écrivains de l'histoire du Languedoc penchent à croire que le premier apôtre des Narbonnaises est arrivé dans ces provinces longtemps avant le consulat de Dèce et de Gratus. Mais si Eutrope est contemporain de saint Clément, le texte de Sulpice Sévère n'est pas exact ; la religion de Dieu n'a pas été *serius suscepta trans Alpes.*

Ainsi la première brèche faite au texte de l'historien des Francs a été ouverte par ses défenseurs eux mêmes ; voyons si nous ne trouverons pas encore quelque côté faible.

Saint Irénée était en Asie, lorsque sur la demande de l'évêque Photin, accablé par les ans, le Saint-Siége l'envoya dans la colonie Lyonnaise. Dès son arrivée, le savant docteur reconnut avec effroi qu'une hérésie formidable s'étendait sur les rives du Rhône et avait enlacé dans ses piéges une multitude de femmes.

C'est alors qu'il écrivit contre les hérétiques ce livre magnifique que ses contemporains accueillirent avec transport et qui eut l'honneur d'arracher deux fois la France à l'hérésie (2).

Mais tout schisme suppose une Eglise, comme tout fruit véreux rappelle l'arbre qui l'a porté. — Il y avait donc des Eglises sur les bords du Rhône.

(1) *Hist. de l'Eglise Gallicane*, t. I, *Dissertation préliminaire.*

(2) François 1er était sur le point de se laisser séduire par les paroles emmiellées des protestants, lorsque le cardinal de Tournon, archevêque de Lyon, qui le savait amateur de livres rares et précieux, fit tomber entre ses mains le livre de St Irénée sur les hérésies. Le roi fut frappé de la haine vigoureuse que les Pères de l'Eglise ont manifestée contre les novateurs et de leur énergie à les repousser, et il se raffermit dans ses principes. (Raynaud Raymond, *De l'origine et des progrès de l'hérésie*, cité par les Bollandistes.)

Or, d'après ce que nous apprend Hincmar, archevêque de Reims, les premiers apôtres qui ont été envoyés par les Papes dans les Gaules ont reçu pour résidence les villes les plus importantes. Mais Arles était une de ces villes ; elle renfermait donc une Eglise qui florissait à la fin du IIe siècle. Son premier évêque Trophime n'a donc pu lui être envoyé au milieu du IIIe.

Et cela est si vrai, qu'au temps de Dèce et de Gratus le siège d'Arles était occupé par un évêque hérétique du nom de Marcien, que saint Cyprien flétrit en termes énergiques.

Je sais bien que les novateurs nient l'authenticité de cette lettre. — Ils nient tout ce qui les gêne. — Mais qu'ils lisent Baluze (1), et ils seront suffisamment châtiés de leur mauvaise foi.

Voici donc Grégoire de Tours encore une fois convaincu d'erreur. Si l'on prenait un à un chacun des évêques qu'il fait venir dans la Gaule au IIIe siècle, on pourrait en vérité parodier les vers de Virgile :

Uno avulso.... deficit alter.

Si l'on arrache l'un.... tous les autres tombent....

Je ne veux pas commettre un pareil dégât et je ne m'occuperai plus que de l'un des apôtres dont il parle : j'ai nommé saint Martial.

§ III.

SAINT MARTIAL. — LES ÉGLISES DU MIDI DE LA GAULE.

Si l'on persiste à placer au IIIe siècle la mission des sept évêques nommés par Grégoire de Tours, il faut reconnaître

(1) Edit. de St-Cyprien. Note sur l'épitre LXVII, page 486.

que la main de Dieu a béni d'une façon toute spéciale le champ de la moisson. Moins de cent ans après, toutes les Gaules étaient chrétiennes; et cependant, à peine la semence commençait-elle à fructifier, qu'un torrent dévastateur s'était répandu sur la contrée et l'avait couverte de ruines et de deuil.

En 258 ou 259, Chrocus, roi d'Allemanie, se rua sur les Gaules avec une armée innombrable, brûlant les villes, dispersant les populations. Sa rage s'exerça surtout sur les Pontifes « qui se distinguaient par leur âge, leur sainteté et leur science. »

Il y a donc lieu de s'émerveiller de la rapidité surnaturelle avec laquelle les sept évêques, arrivés sous le consulat de Dèce et de Gratus, ont organisé en moins de dix ans l'Eglise des Gaules. Partout ils ont institué des évêques; des bourgades, qui sont même inconnues de la *Notitia utriusque imperii*, ont été érigées par eux au rang de cités épiscopales ; toutes les populations se sont converties au christianisme et se sont hâtées d'élever sur tous les points des édifices en l'honneur du vrai Dieu.

En dix ans ils ont accompli la tâche que les apôtres et leurs successeurs laissaient incomplète depuis deux siècles et demi !

Malheureusement pour les partisans de cette doctrine, ce tableau est tout de fantaisie; et le texte des auteurs qui nous apprend l'invasion de Chrocus vient confirmer encore ce que nous disons de la fondation au Ier siècle de l'église en France.

Le premier est Grégoire de Tours, et à l'aide de son récit je puis démontrer encore une fois qu'il s'est trompé en parlant des sept évêques. — Je cite textuellement :

« Sous le règne de Valérien et de Gallien (1), Chrocus, roi des Allemands, ayant levé une armée, ravagea les Gaules. On rapporte que ce Chrocus était d'une grande arrogance. Ayant commis quelques crimes par le conseil d'une mère perverse, il rassembla la nation des Allemands, se répandit dans la Gaule et renversa les édifices anciens. »

« ...... Pendant l'irruption des Allemands dans les Gaules, saint Privat, évêque de la capitale du Gevaudan, fut trouvé dans une grotte du mont Memmat, où il se livrait au jeûne et aux oraisons, tandis que le peuple était enfermé dans les retranchements du camp de Grèzes; le bon pasteur refusa de livrer ses brebis aux loups, et on voulut le contraindre à sacrifier aux démons.

« Comme il repoussait et détestait cette souillure, on le frappa de verges jusqu'à ce qu'on le crut mort. Peu de jours après cette torture il rendit l'âme. Chrocus ayant été pris près d'Arles, ville des Gaules, subit divers tourments et fut frappé du glaive, livré avec justice au supplice qu'il avait infligé aux saints de Dieu. »

Certes, ce récit n'offre aucune prise à la critique et il ne peut y avoir aucun doute sur l'existence de saint Privat et sur l'époque de son martyre.

Mais, comme l'a fait très bien observer M. l'abbé Arbelot (2), saint Privat n'est pas le premier évêque de Mende. Les actes de son martyre le disent en termes formels :

« L'évêque saint Privat présidait alors à cette région ou à cette église, et il avait son siège dans le bourg de Mende,

---

(1) Grég. de Tours. *Hist. des Francs*, liv. 1. Trad. de Guizot, page 27.

(2) Dissert., pag. 129.

parce que les évêques qui avaient été là avant lui avaient séjourné dans ce lieu et y avaient reçu la sépulture. »

Chenu, dont l'autorité est grande en pareille matière, Chenu accepte comme exact ce passage, et il ajoute que d'après divers documents tirés des archives de l'épiscopat de Mende, le fondateur de cette église fut saint Séverin.

Mais saint Séverin était le disciple de saint Martial ; — si donc saint Privat a été martyrisé au milieu du IIIe siècle, au plus tard en 265 ; si, entre lui et saint Séverin, il y a eu quelques évêques, la mission de saint Martial ne doit pas être éloignée des temps apostoliques

Tel est d'ailleurs l'aveu des Bollandistes. (1).

Ainsi voici que de déductions en déductions, Grégoire de Tours dément Grégoire de Tours. Le fameux passage, base de toute la querelle, se trouve erroné au moins en ce qui regarde l'église d'Aquitaine ; saint Martial n'est point venu en 250, il est contemporain des Apôtres.

Mais ne célébrons pas trop tôt notre victoire, car déjà surgissent devant nous de nouveaux adversaires, bardés d'armes nouvelles. Les savants auteurs de l'histoire du Languedoc, Dom de Vic et Dom Vaissette, se récrient et déclarent que s'il est un texte erroné c'est celui dont nous soutenons l'exactitude.

« Il paraît, disent-ils, que Grégoire de Tours s'est trompé au sujet de l'époque de l'irruption de Chrocus, et que cet historien a brouillé la chronologie dans laquelle on sait d'ailleurs qu'il n'est pas fort exact ; et, sans aller plus loin,

---

(1) Sub Valeriani et Gallieni temporibus occisus est S. Privatus, ut in ejus actis scribitur, et tamen præter Severianum, alii quoque ante ipsum episcopatûs ordinem tenuerunt, haud longe is ab apostolorum abfuisse temporibus dici potest. Act. SS. Tom. II, Januar, p. 615.

il met dans le même endroit le martyre de SS. Corneille et Cyprien, sous l'empire de Valérien et de Gallien, tandis qu'il est certain que le premier fut mis à mort sous celui de Dèce. »

En d'autres termes, quand l'historien des Francs sert la doctrine des novateurs, il est infaillible; et lorsqu'on peut s'armer de ses paroles pour les combattre, ils le dénient et lui suscitent un contradicteur. Dans la cause, les doctes écrivains font appel à Aimoin, qui est de beaucoup postérieur à Grégoire de Tours et qui reporte au Ve siècle l'invasion de Chrocus. Et comme si ce n'était pas assez de préférer un moderne à un ancien, ils étayent l'autorité d'Aimoin sur celle d'Idace, écrivain dont ils s'empressent en même temps de constater le peu de valeur.

Leur aveu est d'une naïveté incroyable. « On pourrait infirmer la preuve que nous tirons de l'autorité d'Idace, en disant que cet historien ne dit rien de l'irruption de Chrocus, dans sa chronique (1), et que les extraits qui se trouvent dans la collection dont on vient de parler sont trop mêlés de fables pour pouvoir lui être attribués. Il paraît, en effet, que l'auteur de cette compilation donne sous le nom d'Idace plusieurs faits du VIe siècle, que cet historien, mort avant la fin du Ve, n'a pu connaître. ».

Cependant, il eût été bien important pour les écrivains de l'histoire du Languedoc de réunir les preuves les plus sérieuses; car ils soulevaient une question très importante et dont la solution corrobore ou détruit à jamais le texte de Grégoire de Tours.

Si l'historien des Francs ne s'est point trompé en assignant

(1) C'est en effet la remarque qu'a faite le jésuite Sirmond.

au IIIe siècle l'invasion de Chrocus et la mort de saint Privat, il consacre d'une manière irréfragable l'authenticité des actes de saint Amat, évêque d'Avignon, qui placent son martyre à la même date que celui de saint Privat.

Mais ces actes citent les noms d'un grand nombre d'Eglises dont les chefs ont été livrés à la mort par Chrocus; ce sont : Privat de Mende, Avolus d'Alba, Sextus de Valence, Justin des Tricasses, Firmus de Venasque, Leonius d'Apt, Albin de Vaison, Valentin de Carpentras, Victor d'Arles, Lucien d'Orange, Félix de Nîmes, et Venustus d'Agde (1).

Donc, voici une foule de localités d'un ordre secondaire dont quelques-unes même ne figurent pas dans la *Notitia utriusque imperii*, qui ont été dotées d'Eglises avant les capitales de la Gaule : Narbonne, Arles, Limoges, Toulouse, Reims, Metz...

Est-ce possible ?

De notre côté, nous n'avons pas seulement pour nous l'autorité de Grégoire de Tours; nous nous appuyons encore sur celle d'un historien romain, Eutrope, dont le texte, dans son laconisme, ne laisse aucun doute sur le grand cataclysme qui frappa les Gaules au milieu du IIIe siècle.

« Ipse Chrocus, omnium teterrimus hostium christianorum, nulli parcens gradui, sexui vel ætati, ædes sacras evertit. Quas ille urbes egregias destruxit, et quam incredibilem hominum, mulierum, puerorum, et puellarum summâ et implacabili crudelitate numerum extinxit, quos gladio securive episcopos senio, sanctitate et doctrinâ claros percussit et obtruncavit : Privatum Gabali, Albæ Avolum, Sextum Valentiæ, Justum Tricastini, Firmum apud Vinduascam, Aptæ Leonium, Vasione Albinum, Carpentoractæ Valentinum, Victorem Arelatæ, Lucium Arausio, Felicem Nemausi et Agathæ Venustum. » — *Actes de saint Amatius. Gallia Christana*, tom. 1, 137, destrum

« Les Allemands, après avoir *ravagé les Gaules*, pénétrèrent en Italie. La Dacie, sise au-delà du Danube, et annexée par Trajan, fut perdue. La Grèce, la Macédoine, le Pont, l'Asie, furent dévastées par les Goths; la Pannonie fut saccagée par les Sarmates et les Quades; *les Germains pénétrèrent jusqu'en Espagne* et prirent d'assaut la noble ville de Tarragone. Les Parthes, après s'être emparés de la Mésopotamie, commencèrent à faire valoir leurs droits sur la Syrie. En ce moment suprême, alors que les affaires étaient désespérées et que l'Empire romain succombait, Posthumius, gaulois sorti des derniers rangs du peuple, usurpa la pourpre (1). »

On ne sera donc pas surpris de voir d'excellents esprits comme Adrien de Valois (2), Henri de Bunau (3), Egidius Bucherius (4), Schœpflin (5), dont l'autorité est si grande pour tout ce qui touche à l'histoire des bords du Rhin, se ranger de l'avis de Grégoire de Tours et accepter comme vraie l'époque qu'il assigne à l'invasion de Chrocus. Il y eut

(1) Alemanni, *vastatis Galliis*, in Italiam penetraverunt, Dacia quæ à Trajano ultrà Danubium fuerat adjecta, amissa est; Græcia, Macedonia, Pontus, Asia vastata per Gothos. Pannonia à Sarmatis Quadisque populata est. *Germani usque ad Hispanias penetraverunt*, et civitatem nobilem Tarraconem expugnaverunt; Parthi, Mesopotamiâ occupatâ, Syriam sibi cœperunt vindicare : cùm jam desperatis rebus et deleto imperio Romano, Posthumus in Galliâ obscurissimè natus, purpuram sumpsit. (Eutrope, Liv. IX.)

(2) *Rer. Francic*, Lib. I. et *Notitia Galliar*. ad hunc titulum : S. *Privati Monasterium*.

(3) Hist. Imp. Rom. Germ. Par. I. Lib. p. 373.

(4) *Belgium Romanum*, Lib. VI. Cap. XI.

(5) *Alsatia illustrata*, tom. I.
Voy. notre traduction française, tom. III. p. 375.

alors un double torrent de barbares qui se rua sur la Gaule, et, dans sa marche parallèle, engloutit les villes et les populations.

Dès-lors le récit de Grégoire de Tours a tous les caractères de l'authenticité, et il imprime son autorité au récit de la mort de saint Amat.

Que conclure donc de ce qui précède? C'est qu'un grand nombre d'Eglises existaient dans la Gaule avant le consulat de Dèce et de Gratus, avant même le IIe siècle; c'est que le texte de Grégoire de Tours n'a aucune espèce de valeur, qu'il est percé à jour et que l'ignorance ou la mauvaise foi ont seules le droit de s'en servir.

S'ensuit-il qu'à l'époque où cet écrivain fait arriver les sept Apôtres de la Gaule, c'est-à-dire en 250, cette province de l'empire Romain fut tout entière convertie au christianisme?

Nous serons dans le vrai quand nous dirons que le plus grand nombre des centres importants de population comptaient alors des Eglises, gouvernées par des Evêques, mais que le culte des faux Dieux avait conservé un grand nombre de sectaires, surtout dans les campagnes.

Au Ve siècle même, alors que dans Bordeaux florissaient les Paulin, les Delphin, les Amandus, les Sulpice Sévère, les Sanctus, les Aper, les Exupère, le mélange des deux cultes avait donné à cette ville un caractère particulier de dépravation et d'immoralité.

Laissons parler Salvianus :

« Au lieu de se porter à l'amour de Dieu et de ses commandements, par la considération de tant de biens qu'ils lui doivent, les habitants de l'Aquitaine y ont trouvé une occasion de s'y livrer aux plus affreux excès. La capitale de la province, Bordeaux surtout, s'est distinguée sous ce rapport. Pour ne pas parler de ces personnes dépravées, qui ont fait de la ville entière un lieu de débauches; tous les liens de famille, sauf un petit nombre d'exceptions, se sont relâchés. Les hommes se sont livrés à la corruption la plus effrénée; les femmes les plus distinguées ont été traitées avec moins de respect que les femmes de la plus basse condition; et on peut facilement comprendre ce que sont devenus au milieu de ce désordre les enfants et les esclaves. La corruption est générale; un petit nombre d'hommes saints et excellents ont seuls pu y résister. »

Dans les campagnes, la situation change, la moralité est plus grande; mais la persistance du paysan, du *paganus*, aux superstitions anciennes, est plus obstinée.

Presque toutes les scènes de temples renversés que Sulpice Sévère nous présente dans la vie de saint Martin, se passent à la campagne. Nous trouvons presque toujours (1) en rase campagne ou dans les bourgs, les statues des dieux, les chapelles, les autels, les arbres sacrés, les cérémonies païennes sur les tombeaux. On porte même si loin, dans les Gaules, à cette époque, la haine contre les chrétiens, qu'on les maltraite quand on peut s'emparer d'eux.

La situation était à peu près la même en Orient. Dans un discours qu'il prononça, en 384, devant Théodose, en faveur de l'idolâtrie, Libanius affirma que les gens de la campagne ne voulaient pas se laisser enlever aux pratiques du paganisme (2)

---

(1) Sulpice Sévère. *Vit. S. Martini*, C. 12-16.
(2) Le Dr Bosé. *Vie de saint Paulin*, pag. 52, passim.

D'ailleurs, la majorité du Sénat était composée de païens; les charges les plus importantes de l'Etat étaient remplies par des païens; le christianisme conspué, humilié, formait la minorité.

Voilà dans quel sens Sulpice Sévère a pu écrire cette fameuse phrase : *Religione Dei serius trans Alpes susceptâ;* — la religion a été lente à pénétrer au sein des masses (1).

§ III.

L'ÉGLISE DE BORDEAUX.

L'Aquitaine, Bordeaux furent-ils initiés dès le premier siècle aux mystères de la foi? C'est ce qu'il reste à examiner.

Aussitôt que nous abordons cette question, nous nous trouvons en face d'une tradition qui, depuis dix-neuf siècles, proclame que saint Martial, l'un des soixante-douze disciples de Jésus-Christ, fut désigné par saint Pierre pour évangéliser l'Aquitaine. — En vain les novateurs ont-ils essayé de l'affaiblir par leurs protestations, la grande voix des peuples a étouffé la leur, et jamais peut-être, à aucune époque, l'Aquitaine n'a proclamé avec autant d'unanimité sa foi dans la mission de son apôtre et dans l'époque où elle a eu lieu (2).

---

(1) Cette phrase, est-ce bien Sulpice qui l'a écrite? On sait qu'il a eu des collaborateurs, puisque saint Paulin a refusé de travailler avec lui.

(2) Il suffit, pour s'en convaincre, de se rappeler avec quel enthousiasme se célèbre à Limoges la fête septennale des Ostensions.

Qu'est-ce donc que la tradition ? quelle foi doit-on lui attribuer ? quels sont les caractères qui en font connaître l'exactitude et la sincérité ?

« Par traditions historiques, j'entends, dit le savant Freret (1), — j'entends ces opinions populaires en conséquence desquelles tout une nation est persuadée de la vérité d'un fait sans en avoir d'autres preuves que sa persuasion même et celle des générations précédentes, et sans que cette persuasion soit fondée sur aucun témoignage contemporain subsistant séparément de la tradition même. Pour que ces traditions aient une autorité suffisante, on demande que les faits dont elles déposent aient été publics et éclatants, qu'elles soient anciennes, qu'elles remontent jusqu'aux temps des évènements mêmes, et que du moins on ne puisse en montrer le commencement; qu'elles soient constantes et générales, qu'elles s'accordent avec les témoignages positifs de l'histoire ; qu'au moins elles n'y soient pas opposées, qu'elles ne soient point détruites par d'autres traditions mieux prouvées, ou plus anciennes, et par des coutumes et des pratiques religieuses ou politiques établies en conséquence. »

« Les traditions locales, ajoute Labenazie (2), tirent leur origine d'une foule de témoins oculaires qui ont transmis de père en fils les faits qu'ils ont vus. Leurs descendants s'en confirment par les monuments que leurs pères leur ont laissés. Les églises, les pierres gravées, les peintures anciennes sont des monuments réels qui publient à la postérité les faits que les premiers chrétiens nous attestent par

---

(1) Mémoire de l'Académie des Inscriptions, tom. VI.
(2) Défense de l'antiquité des Eglises de France, p. 17 et suiv.

leur zèle et leur piété; les traditions sont autorisées par le consentement général de tous les savants et des fidèles chrétiens des Eglises particulières; — elles sont approuvées par les évêques des lieux. Les actes de leurs saints ont été publiés dans le service divin et dans les canons de chaque Eglise, où ils n'ont été insérés que de l'autorité et de l'approbation des évêques contemporains ou voisins de ces faits. Les Eglises dédiées aux saints, les chasses de leurs reliques sont de sacrés dépositaires de la certitude des faits et que les Eglises publient. »

« Si vous doutez que les traditions des Eglises particulières soient légitimes, il faut vous convaincre par l'usage de cette Eglise. Il n'était permis en pas un lieu d'honorer un saint Martyr ou un Confesseur, sans le consentement des Evêques et sans une attestation authentique de leur martyre et de leur sainteté; il n'était pas permis de bâtir des églises sous leur nom, n'y d'ériger des autels à leur mémoire, sans la même formalité; il n'était non plus permis de lire au sacrifice de la messe les actes des saints, qu'ils n'eussent été vérifiés par les Evêques. Sur ce fondement, concluez que toutes les Eglises dédiées à des saints particuliers, Martyrs ou Confesseurs, ont eu l'approbation des Evêques; que les faits de leurs patrons sont vérifiés; concluez encore que la créance des peuples sur le fait de leur martyre et sur leur tradition vient de ce que les actes approuvés par les Evêques ont été lus et publiés dans les Eglises et reçus de tous les fidèles qui nous en ont conservé la vérité depuis l'origine de leurs Eglises jusqu'au siècle ou nous vivons. »

« Les traditions universellement reçues, dit l'abbé Grandidier (1), ne peuvent être trop respectées ; les révoquer en doute, ce serait également ébranler les fondements de la vérité et réduire toute l'histoire à ce Pyrrhonisme dangereux qui, malheureusement, ne fait que trop de progrès dans ce siècle incrédule. On doit toujours une certaine vénération à tout ce qui nous vient des anciens, et présumer qu'ils ne manquaient ni de prudence pour s'instruire, ni de fidélité pour conserver précieusement ce qu'ils avaient appris de leurs ancêtres, et pour recueillir les faits remarquables de leurs provinces. »

« Mais ce respect ne doit pas être prodigué à toutes les traditions populaires, à toutes les légendes fabuleuses, à tous les faits suspects et douteux, à tous les miracles incertains, qu'à la faveur de l'ignorance et de la crédulité des peuples, l'adresse, la malice ou l'intérêt ont introduits depuis huit ou neuf cents ans... Il n'est pas défendu de s'en défier, de les examiner avec soin, surtout quand elles répugnent à des faits prouvés ou à la vérité de l'histoire et de la chronologie. La philosophie les méprise ; la religion les condamne ; la critique les anéantit. »

« Il faut, dit Guibert de Nogent, qui écrivait au XIIe siècle un Traité sur les reliques, il faut recevoir avec affection les traditions certaines ; mais rejeter avec horreur les fausses, et punir sévèrement ceux qui les supposent, parce qu'ils déshonorent Dieu et le font mentir autant qu'il est en eux. »

In tantâ antiquitate quæ verisimilia sunt, pro veritate habeantur, dit avec raison Tite-Live.

(1) Dissertation sur l'apostolat de saint Materne. L'*Alsace illustrée;* Ravenèz-Schœpflin, tom. II. p. 272.

Ovide, à son tour, déclare que :

Pro magno teste vetustas creditur... (1).

Antiquitas ceremoniis atque fanis tantum sanctitatis tribuere consuevit, quantum adstruxit vetustatis... (2).

Ces définitions de la tradition, empruntées à des auteurs si différents, démontrent quelle est la valeur des traditions locales lorsque rien ne vient les infirmer, lorsqu'on ne peut en découvrir l'origine, lorsqu'on établit la fidélité des Eglises à les suivre et à les propager. Quelle est, au contraire, la valeur des historiens qui ont écrit dans un sens opposé à la tradition, qui ont avancé des faits qui lui sont contraires?

Evidemment leur autorité, leur valeur est nulle, et elle doit être rejetée.

En effet, si malgré la publicité qu'ont reçue leurs écrits, les Eglises ont refusé d'y croire, et si elles ont continué à suivre leurs anciens errements, il y a là une preuve du peu de cas qu'elles ont fait de ces récits et de la foi qu'elles avaient dans leurs traditions locales. Admettra-t-on en effet que des Evêques, s'ils avaient la certitude que ces écrivains étaient bien informés, auraient permis qu'on eût continué de semer et de publier des mensonges? N'auraient-ils pas forfait à leur conscience en laissant propager autour d'eux des fables à l'aide desquelles le doute et l'hérésie seraient venues plus tard saper la base de toute croyance?

Qu'un novateur ardent et téméraire se permette d'accuser les Evêques d'avoir manqué de vigilance, tout homme de bon sens s'en référera plutôt au sentiment des Eglises, au

---

(1) *Fastorum,* Lib. IV, vers. 203.

(2) Vid. *Minucium Felicem.* Octav. Cap. VI, § 5.

consentement des Evêques qu'au témoignage douteux, équivoque de quelques chroniqueurs dédaignés par nos pères.

J'appelle à dessein le témoignage de ces chroniqueurs douteux et équivoque ; car, ou bien ils ont écrit d'après le témoignage d'autrui, et alors je demanderai quel est le poids, le nombre, la force morale de ces témoignages produits par un être que personne ne connaît, excepté celui qui s'est fait son interprète ; ou bien leur récit est le produit de leur impression personnelle... Mais quelle influence peut avoir cette impression sur nous si éloignés des temps où les faits se sont accomplis, alors que ceux qui en étaient plus rapprochés, qui pouvaient encore entendre vibrer les échos des clameurs contemporaines, ne s'en sont ni émus ni préoccupés ?

Voilà pourquoi je déplore amèrement que des imprudents comme Descordes, des hommes de mauvaise foi comme Launoy se soient attaqués avec tant d'acharnement contre la tradition. Ils n'ont pas seulement ébranlé et relâché les liens qui nous attachent au Saint-Siège apostolique, ils ont fourni encore à l'hérésie et à l'impiété le moyen d'accuser l'Eglise de vivre de fourberie et de mensonge.

Je suis convaincu qu'ils ont occasionné un mal profond, et c'est pour combattre ce mal que j'ai cru de mon devoir de prendre la plume, malgré mon insuffisance et mon peu de savoir, et de défendre partout et toujours la tradition.

Heureusement leurs efforts ont été impuissants contre saint Martial et la tradition qui le représente comme arrivé dans les Gaules aussitôt après la dispersion des Apôtres.

Quelques Eglises ont bien pu, dans un premier moment d'ardeur, modifier les leçons du Bréviaire et reculer jusqu'au milieu du IIIe siècle l'époque de sa mission ; mais l'opinion publique n'a jamais souscrit à ce sentiment, et partout on retrouve cette conviction profonde, inébranlable que saint Martial est contemporain des Apôtres; et, bien plus, qu'il était l'un des soixante-douze disciples.

Cette croyance, cette doctrine n'est pas propre seulement aux lieux qu'il a évangélisés; elle ne s'est pas concentrée dans les cités qui possèdent ses précieux restes, elle s'est répandue dans toutes les parties du monde, et les Eglises de l'Orient l'ont adoptée comme celles du rite latin. — L'abbé Arbelot fournit sur ce point des témoignages complets et irrécusables.

Au X° et XI° siècles, des Conciles se sont occupés de cette question. On a douté si saint Martial était réellement un des disciples de Notre-Seigneur; mais on n'a jamais contesté qu'il eût été envoyé dans les Gaules par les Apôtres.

De nos jours, lorsque l'Eglise de Limoges a présenté à l'approbation du Saint-Siège le nouveau Propre des saints à l'usage du Diocèse, la sacrée Congrégation des Rites a cru devoir refuser à saint Martial le titre d'Apôtre. Un procès s'est engagé devant la Congrégation même, et après des débats aussi savants qu'approfondis, il est intervenu un Bref apostolique portant que de temps immémorial l'Eglise de Limoges avait été en possession d'accorder à saint Martial le titre d'Apôtre, et qu'il y avait lieu de lui maintenir cette prérogative.

Ainsi, en ce qui concerne saint Martial, la tradition a tous les caractères d'authenticité et de véracité qu'on peut exiger. Elle remonte aux temps les plus éloignés, nul ne peut en indiquer l'origine, les populations l'acceptent et repoussent toute opinion contraire; divers monuments la consacrent; elle ne saurait donc être rejetée et remplacée.

Mais comme cette tradition porte que saint Martial est venu évangéliser l'Aquitaine, elle doit être crue sur ce point comme sur tous les autres. En effet, comme il est certain que l'Aquitaine est aujourd'hui chrétienne, elle a dû nécessairement recevoir à un moment donné la semence de la foi. Si saint Martial n'est pas celui qui a fécondé le sol, qu'on nous dise quel est l'ouvrier actif, ardent qui a ouvert le sillon ; — quand et comment est-il venu et qui l'a envoyé ?

Tout se tait; les voix qui nient l'Apostolat de saint Martial gardent le silence quand il s'agit de désigner celui qui est venu à sa place.

Nous, au contraire, nous avons une preuve directe, historique, qui démontre que du temps des Apôtres même il y avait des chrétiens dans nos contrées.

Grégoire de Tours raconte (1) qu'une dame des Gaules étant allée à Jérusalem visiter le Sauveur, elle rapporta à son retour une fiole contenant du sang de saint Jean-Baptiste et que, s'étant arrêtée à Bazas, elle y bâtit une église en l'honneur du saint.

Ce récit n'a à nos yeux qu'une valeur, mais il en a une. Il établit que, dès le premier siècle, il y avait des chrétiens dans l'Aquitaine; mais qui leur avait enseigné la foi, sinon Martial et ses disciples?

(1) A Galliis Matrona quædam Hierosolymam abierat pro devotione tantum ut Domini et Salvatoris nostri præsentiam mereretur. Audiens autem quod B. Ioannes decollaretur, cursu illuc rapido tendit, datisque muneribus supplicat persecutori, ut eam sanguinem defluentem colligere permitteret : illo autem percutiente Matrona concham argenteam præparat, truncatoque martyris capite cruorem devota suscepit. Quem diligenter in ampullà positum patriam detulit, et apud Vasatensem urbem ædificatâ in ejus honore Ecclesiâ in sancto altari collocavit. (Gregor. Turon. Lib. 1. mirac. C. 12).

§ IV.

ÉVANGÉLISATION DE L'ESPAGNE.

Que si quelque esprit fort souriait au naïf récit de l'hisorien gaulois, je lui rappellerais cette inscription païenne, trouvée à Rio-Pisuerga, et gravée en l'honneur de Néron, pour avoir purgé l'Espagne des voleurs et de ceux qui prêchaient la superstition nouvelle (1) :

NERONI. CL.
CAES. AVG. PONT. MAX.
OB. PROVINC. LATRONIB.
ET HIS QVI NOVAM
GENERI HUM.
SVPERSTITIONEM INCVLCAB.
PVRGATAM.

Ainsi, voici qu'un pays très voisin du nôtre a eu des martyrs dès le premier siècle, et, par une bizarrerie incroyable, nous n'aurions reçu la *bonne nouvelle* que deux siècles après! Cette absurdité ne soutient pas même l'examen.

Mais peut-être contestera-t-on l'autorité de ce monument. Nous, de notre côté, nous attachons une grande importance à démontrer que l'Espagne a été évangélisée au

---

(1) J'ai déjà cité cette inscription dans mon travail sur l'Eglise de Reims, et j'ai fait remarquer que l'authenticité en avait été victorieusement prouvée par J.-E. Walch, professeur à l'Université d'Iéna. Voyez sa Dissertation dans le 2⁰ vol. du *Supplément à Muratori*, publié par *Donati*, pag. 99.

Ier siècle ; car, évidemment, l'écho de la parole des apôtres a dû retentir de cette contrée jusque dans l'Aquitaine, que Salvianus appelle la perle de la Gaule. On nous permettra donc de citer divers textes qui confirment notre assertion (1).

Voici d'abord ce que pensent les Pères de l'Eglise d'Orient :

Métaphraste et plusieurs autres écrivains ecclésiastiques regardent l'Espagne comme le champ où s'exerça le zèle de saint Pierre, soit pendant le temps de son épiscopat à Rome, soit après qu'il en eût été chassé avec les Juifs sous l'empereur Claude (2). Une tradition immémoriale, universelle, admise par le Bréviaire romain, et à laquelle il est permis par suite d'attacher une importance réelle au point de vue historique, affirme que saint Jacques-le-Majeur a évangélisé l'Espagne. En outre, il est certain que saint Paul a prêché en Espagne, et que ses prédications contribuèrent beaucoup à propager cette superstition contre laquelle Néron déchaîna sa colère et sa haine.

Le canon de Muratori, composé vers l'an 170, parle formellement du voyage de saint Paul en Espagne.

Saint Athanase, écrivant à Dracontius, s'exprime ainsi :

« Le zèle de saint Paul l'a porté à aller prêcher jusque dans l'Illyrie, à surmonter tous les obstacles pour arriver à Rome et pour pénétrer en Espagne... » (3).

(1) Voyez la Dissertation qu'a publiée sur l'apostolat de saint Paul en Espagne l'abbé Latou (*Revue des sciences ecclésiastiques ; juillet* 1861).

(2) *Vita S. Petri*, 29 *junii. Acta SS. tom. V. Junii.*

(3) Studium fuit sancto viro usque ad Illyricum prædicare Evangelium, neque segnescere neque omittere quin Romam iret, et in Hispaniam ascenderet... *Epist. ad Dracontium.*

Saint Cyrille de Jérusalem, s'écrie :

« Paul.... instruisit Rome, la reine des cités, et il étendit *jusqu'en Espagne* la rapidité de sa prédication... » (1).

Saint Epiphane affirme simplement, et dit : « Paul est allé en Espagne » (2).

Saint Jean Chrysostôme parle souvent de ce voyage, et jamais d'une manière qui indique qu'il soit une chose douteuse pour lui : « Etant arrivé à Rome, saint Paul ne trouva pas que ce fût assez pour son zèle, *il alla encore en Espagne.*— Voyez-le, dit-il encore ailleurs, il s'élance de Jérusalem jusqu'en Espagne. » Dans un autre de ses écrits, on lit : « Après avoir passé deux ans dans les prisons de Rome, saint Paul fut mis en liberté ; alors il alla en Espagne » (3).

Théodoret professe la même opinion : « Saint Paul, dit-il, ayant voulu user de son droit d'appeler à Rome, y fut envoyé par Festus ; — là... il fut absous... Il partit alors pour l'Espagne. »

Il dit encore : « Saint Paul passa deux ans à Rome, comme les Actes des Apôtres le racontent. Il partit ensuite pour aller en Espagne. Après avoir enseigné aux peuples qui habitent cette contrée les vérités de l'Evangile, il revint à Rome. C'est là qu'il fut décapité. — Il alla en Italie, se transporta en Espagne, et porta le bienfait de la foi dans

---

(1) Qui (Paulus) regiam quoque Romam instituebat et in Hispaniam usque promptitudinem prædicationis extendit (*Catechesis* 17).

(2) Paulus in Hispaniam profectus est (*Hæres.* 27).

(3) Verum nec ibi (Romæ) stare contentus, etiam in Hispaniam percurrit (*Præfat. in Epist. ad Hebræos*). Videas enim ab Jerosolymis ad Hispaniam currentem (*in Matth. hom.* 76). Cum igitur biennium Romæ exegisset in vinculis, tandem demissus est ; deinde in Hispanias profectus (*de laud. Pauli. Hom.* 7).

les îles voisines de ces deux régions » (1).

Saint Sophrone de Jérusalem et beaucoup d'autres auteurs tiennent le même langage sur la même question.

Après avoir entendu les Pères de l'Eglise d'Orient, écoutons ceux de l'Eglise d'Occident.

Saint Jérôme, le plus ancien témoin de cette tradition, lui qui ne croit rien à la légère, nous dit : « Saint Paul fut porté en Espagne par des vaisseaux étrangers. — Appelé par le Seigneur, il s'élança sur toute la surface de la terre, et il prêcha l'Evangile depuis Jérusalem jusqu'en Illyrie, et de là *jusqu'en Espagne*... » (2)

Saint Grégoire-le-Grand compare saint Paul à l'aigle : « En le voyant, dit-il, tantôt en Judée et tantôt à Corinthe ou à Ephèse, tantôt à Rome et tantôt en *Espagne*, ne trouve-t-on pas qu'il a la rapidité de l'aigle dans l'exercice de son ministère ? » (3).

---

(1) Quando..... fuit absolutus, et in Hispaniam profectus est et ad alias gentes excurrens, eis doctrinæ lumen attulit *(in Epist. ad Timot. 2. C. ult.).* — Quæ actorum nos docuit historia, quod duobus annis primis Romæ per se degit ; cum autem illinc profectus esset in Hispaniam, et illis etiam divinum Evangelium tradidisset, reversus est et tunc fuit capite truncatus (*in Epist. ad Philemonem*, C. 1). — In Italiam venit et in Hispanias pervenit et in insulis quæ in mari jacent utilitatem attulit *(in Psalm.* 116).

(2) In Hispaniam alienigenarum portatus est navibus (*in Is.* C. 11). — Qui vocatus à Domino, effusus est super faciem terræ, ut prædicaret Evangelium de Jerosolymis usque ad Illyricum ; et usque ad Hispanias tenderet et à mari Rubro, imò ab Oceano ad Oceanum curreret *(in Amos.* C. V).

(3) Ecce ipse quem in testimonium sæpe adduximus, Paulus, cum nunc Judæam, nunc Corinthum, nunc Ephesum, nunc Romam, nunc Hispanias peteret, quid se aliud quam aquilam esse demonstrabat (*Moralium, libro III. C. XXXII*).

Venance Fortunat insinue la même chose. Faisant l'éloge de saint Paul dans la *Vie de saint Martin*, il s'écrie : « Le grand et illustre saint Paul a été la vaste trompette des Gentils ; il a répandu la connaissance de Jésus-Christ par terre et par mer, et rempli l'Europe, l'Asie et la Lybie du sel de la doctrine et des dogmes évangéliques » (1).

Saint Anselme dit dans son *Commentaire sur l'Epître aux Romains :* « Ainsi, saint Paul arriva en Espagne, et, courant de la mer Rouge jusqu'à l'Océan, il imita le cours du soleil, qui va de l'orient à l'occident » (2).

J'ai cru devoir citer ces textes avec quelque détail, car ils confirment ce que disent les martyrologes sur le voyage de saint Paul en Espagne, et à l'aide des martyrologes nous établirons que la Narbonnaise, voisine de l'Aquitaine, avait été évangélisée dès le Ier siècle.

On lit dans le martyrologe romain, le 22 Mars : « A Narbone, dans la Gaule, on célèbre la naissance céleste de saint Paul, Evêque, disciple des Apôtres ; on croit que c'est le même que le proconsul Sergius Paulus, qui ayant été baptisé par saint Paul, fut laissé à Narbonne par cet Apôtre, *lorsqu'il se rendait en Espagne....* » (3).

(1) Qui sacer ille simul Paulus, tuba gentibus ampla,
Per mare, per terras, Christi præconia fundens,
Europam atque Asiam, Lybiam sale, dogmate complens.
(*Vita S. Martini*, lib. 3).

(2) Ita Paulus pervenit ad Hispaniam, et à mari Rubro usque ad Oceanum prædicando cucurrit, imitans solis cursum, ab oriente usque ad occasum (*in Epist. ad Rom.* C. 15).

(3) Narbone in Galliâ, natalis sancti Pauli Apostolorum discipuli, quem tradunt fuisse Sergium Paulum proconsulem ; a B. Paulo baptizatus est et cum *in Hispaniam pergeret*, apud Narbonem relictus. (II. Kalend. april.)

Le vénérable Bède emploie presque les mêmes expressions que le martyrologe romain : « En Gaule, dans la ville de Narbonne, fête de saint Paul, disciple des Apôtres de J.-C ; on croit qu'il est le même que le proconsul Paulus Sergius..... Saint Paul le laissa à Narbonne quand il allait prêcher l'évangile en Espagne » (1).

Usuard et Adon disent la même chose.

Le martyrologe Gallican, dit au 12 Décembre : « A Narbonne, ordination de saint Paul, premier Evêque de cette métropole, que saint Paul, Apôtre, allant en Espagne, y établit Pontife (2) ». Le 22 Mars il dit encore : « A Narbonne, ville métropole, on célèbre la naissance de saint Paul, Evêque, disciple des Apôtres. Ayant été baptisé par l'Apôtre saint Paul, il fut amené par lui dans la Gaule, lorsqu'il *se rendait en Espagne*, et ordonné évêque de cette ville » (3).

Ainsi, de quelque côté que l'on jette les yeux, quelles que soient les sources que l'on interroge, partout on arrive à cette preuve claire, évidente que la Gaule a été l'objet de la sollicitude spéciale des Apôtres, et qu'il n'est pas pos-

---

(1) In Galliæ civitate Narbone, sancti Pauli, Episcopi, discipuli Apostolorum Christi, quem tradunt ipsum fuisse Sergium Paulum, proconsulem, virum prudentem, à quo Paulus sortitus est nomen, quia ipse eum fidei Christi subegerat, quique ab eodem sancto apostolo cum ad Hispanias prædicandi gratiâ pergeret, apud Præfatam urbem Narbonem est relictus.

(2) Narbone ordinatio sancti Pauli primi illius metropolis Episcopi, quem Paulus apostolus proficiscens in Hispaniam illic Pontificem constituit.

(3) Narbone metropoli, natalis sancti Pauli episcopi, apostolorum discipuli et martyris ; qui a beato Paulo baptizatus atque in Galliam adductus ab ipso, cum in Hispaniam pergeret, illic episcopus ordinatus fuit.

sible que l'Aquitaine, que Bordeaux sa capitale aient été oubliées par eux.

Certes, quand même saint Martial n'aurait pas annoncé à nos pères la venue du vrai Dieu, la parole de l'Apôtre saint Paul et celle de Paulus de Narbonne auraient été assez puissantes pour réveiller les échos de nos contrées.

§ V.

L'ÉGLISE DE BORDEAUX AU IIe SIÈCLE. — FONDATION DE L'ÉGLISE DE NANTES. — DE BIGORRE.

Quelques écrivains, pressés par l'évidence, n'ont point osé nier que saint Martial fut venu au Ier siècle, mais ils ont prétendu que sa mission, comme d'ailleurs celle de tous les premiers Apôtres, était restée infructueuse, et que les germes déposés par eux dans les esprits n'y avaient pas fructifié.

Je me suis déjà élevé contre ce que cette opinion avait d'insultant pour la Providence et pour les saints Apôtres de nos contrées. Je me bornerai à faire remarquer que dans tous les cas cette accusation de stérilité n'est pas applicable à l'Eglise de Bordeaux, car à peine était-elle née que, suivant l'opinion de quelques savants, elle étendait ses racines jusques dans l'Armorique et y faisait éclore l'illustre Eglise de Nantes.

De Lurbe dans sa chronique et ceux qui l'ont suivi, comme Chenu et Robert, prétendent que le premier Evêque de Bordeaux fut saint Gilbert ou Sigebert, ancien sacrificateur des idoles, que l'Apôtre d'Aquitaine convertit à la foi.

De Lurbe s'est appuyé sur les Epîtres de saint Martial et sur des auteurs qui, probablement, s'étaient inspirés eux-mêmes d'une tradition locale.

Cette tradition ne doit pas être négligée. Il est constant, comme le fait remarquer Lopez, que les Epîtres attribuées à saint Martial sont l'œuvre d'une main étrangère ; mais de ce qu'un titre est faux, de ce qu'un écrit est faussement attribué à un tiers, il ne s'ensuit pas que tous les faits qui y sont relatés sont faux, et l'auteur des *Lettres de saint Martial* a pu être dans le vrai en attribuant à saint Martial la conversion de Sigebert.

Cependant, comme je ne veux me servir que de preuves irrécusables, je ne veux pas faire intervenir ce personnage et le présenter comme le continuateur de saint Martial. J'irai puiser à des sources plus limpides, et à la suite du nom de notre premier Pontife j'inscrirai celui d'un saint que les populations de Bordeaux, de l'Aquitaine, de la Novempopulanie tout entière honorent à l'égal de saint Martial, dont toutes les Eglises se disputent les reliques et qu'elles revendiquent comme leur patron : je veux parler de saint Clair.

Sans doute il règne bien des doutes et de la confusion dans l'histoire de ce saint ; sans doute, selon toute apparence, on confond sous le même nom des personnages bien distincts ; il est plus que probable que le Clarus qu'honore le Poitou n'est pas le même que celui dont Bordeaux possède les reliques, don de Charlemagne ; mais il est certain que, vers la fin du Ier siècle, le souverain Pontife envoya à Bordeaux un personnage du nom de Clarus, à qui il confia le soin de continuer l'œuvre de Martial et d'évangéliser la Novempopulanie. A la fin de sa carrière, Clarus fonda l'Eglise de Nantes et y mourut plein de vertus et d'années.

La tradition ne laisse aucun doute à cet égard, et le Père Papebroch, si sévère en semblable matière, s'incline devant elle.

« Je pense donc, dit-il, que l'on peut admettre la tradition suivant laquelle un personnage de ce nom, sans doute Romain, a été envoyé vers l'an 100 par le Pontife romain pour évangéliser l'Aquitaine. Clair, comme cela arrivait souvent à cette époque, ne reçut au moment de sa consécration la direction d'aucun siège certain; mais il jeta çà et là les fondements de diverses Eglises. Enfin il passa chez les Bretons et y fixa son siège épiscopal dans le pays de Nantes. Il y mourut et fut enterré à Reguiniac (1) ».

Ce n'est pas le pays des Nanètes seul qui doit à l'Eglise de Bordeaux d'avoir été initié aux vérités du christianisme. Un autre disciple de saint Clair, Just ou Justin, fut envoyé

___

(1) Primo ergo existimo stari posse traditioni, quâ tenetur, quod ejus nomine aliquis, ac forte Romanus, a Romano Pontifice missus sit in Aquitaniam, ad Christi fidem prædicandam, circa annum centesimum; qui, ut tunc sæpe fiebat, nulli certæ Sedi ordinatus Episcopus, variarum istic Ecclœsiarum jecerit fundamenta : indèque transgressus ad Armoricos, Nannetibus Sedem denique Episcopalem fixerit, atque confessor mortuus sepulturam obtinuerit Reguiniaci... Colitur autem die X Octobris. Hunc cum Albigenses apud se quoque prædicasse accepissent à majoribus, ad eum Episcopatûs sui referentibus exordia, diemque primum Junii alicui S. Claro sacrum haberent, neque scirent utrumque distinguere ; videri possit usu inductum, et per cœteras Aquitaniæ Ecclesias receptum, ut ejus totius gentis Apostolus Kalendis hisce coleretur, et crederetur martyr obiisse, quia alter ille martyr fuerit.

Alter ergo Clarus, cum sociis sex Burdigalam allatus à Carolo Magno, sub aliquo Gentilium Imperatorum martyrium fecerit in Aquitaniâ I. Junii.....

D. Papebroch. D. S. Claro ; Die prima Junii, pag. 15. Act. SS.

par lui dans les Pyrénées, et y fonda le siége épiscopal de Bigorre. Nos ancêtres nous ont transmis sur ce saint une tradition aussi précise que celle qui établit l'existence de saint Clair. Son nom est inscrit (1) dans la plupart des Martyrologes, et Grégoire de Tours nous apprend qu'après les fatigues de son apostolat, il fut enseveli près de la ville de Bigorre, dans le bourg de Sexciac.

Ainsi, dès le commencement du II⁰ siècle, Bordeaux était un centre d'où rayonnait une ardente lumière, et cette lumière illuminait de son éclat toutes les régions voisines.

La tradition reçoit sur ce point une consécration éclatante de la bouche de saint Jérôme, qui, dans deux passages de ses écrits, constate l'existence des Eglises d'Aquitaine au II⁰ siècle. Dans nos contrées, comme partout, le mal avait suivi le bien ; l'ivraie avait été mêlée au bon grain, et l'hérésie versait ses poisons au sein des masses.

(1) Verum et Justinum, aliquibus Justum suggerunt antiqua Martyrologii Hieronymiani apographa : ex his Corbeiense Parisiis excusum cum cum tribus sociis ita indicat : Bigorra civitate depositio S. Justini Episcopi, Magni, Isici, Phoci. — Epternacense ista solum habet : Becora civitate S. Justini. At MS. Blumianum ; Begorra civitate depositio S. Justi Episcopi. Eadem sunt in codice Lucensi, sed civitas Becora scribitur. In alio pervetusto Corbiensi needum excuso, sic habetur : Begorra civitate depositio S. Justi Episcopi, Magni. In appendice Adonis, apud Mosandrum et Rosweidum, hæc memoria proponitur : Item depositio S. Justini Begorra civitate. Idem, citato Adone, indicatur etiam à Ferrario. In ipsa diœcesi Tarbensi, versus septentrionem, visitur in mappis Geographicis parœcia S. Justini, probabilius ab hoc sancto denominata. De quo videtur locutus S. Gregorius Turonensis lib. de Gloria confessorum Cap. 49, his verbis : Infra terminum Beorritanæ Urbis, in vico Sexciacensi, S. Justinus Presbyter quiescit : At Martyrologia Episcopum faciunt.....

Le Père Papebroch, *Acta SS.* 1ᵉʳ Mai, pag. 47-48.

Saint Jérôme, écrivant à Théodora, l'entretient des ravages que faisait en Espagne l'hérésie de Priscillien, et s'exprime en ces termes : « Saint Irénée, évêque de Lyon, homme des temps apostoliques et disciple de Papias, auditeur de Jean l'Evangéliste, rapporte qu'un certain Marc, issu de la race de Basilide le Gnostique, vint d'abord dans la Gaule et infecta de sa doctrine les pays arrosés par le Rhône et la Garonne ; puis, passant par les Pyrénées, pénétra jusqu'en Espagne » (1).

Plus tard, dans son commentaire sur Isaïe, il revient encore sur Marc l'hérésiarque, dont les disciples ont trompé plusieurs nobles femmes, d'abord sur les bords du Rhône et ensuite en Espagne (2).

Saint Jérôme a été l'un des personnages les plus importants de son temps. Du fond de son hermitage de Bethléem, il s'est trouvé mêlé à toutes les questions qui agitaient la chrétienté ; son opinion a donc une très grande valeur ; dès qu'il affirme qu'au IIe siècle l'hérésie s'étendait des bords du Rhône à ceux de la Garonne, c'est comme s'il affirmait que dans ces contrées il existait des Eglises florissantes, et son assertion a un si grand poids, qu'elle doit être acceptée sans réserve ni restriction.

Cette succession de missionnaires prouve qu'établie au

(1) Refert Ireneus... quod Marcus quidam, de Basilidis Gnostici stirpe descendens, primum ad Gallias venerit, et eas partes per quas Rhodanus et Garumna fluunt sua doctrina maculaverit..... *Epist. LXXXV ad Theodoram.*

(2) De quibus diligentissime vir apostolicus scribit Ireneus, episcopus Lugdunensis et martyr, multorum explicans hæreseon, et maxime Gnosticorum, qui per Marcum Egyptium Galliarum primum circa Rhodanum, deinde Hispaniarum nobiles feminas deceperunt (*in Isaiam*, C. LXIV).

1er siècle, l'Eglise d'Aquitaine a grandi et s'est développée pendant tout le cours du IIe, et qu'elle était pleinement constituée au III·, c'est-à-dire à l'époque où les novateurs font arriver saint Martial, saint Saturnin et leurs disciples. — Outre cette tradition générale à toute l'Aquitaine et qui a saint Jérôme pour garant, il en est encore une qui est particulière à Bordeaux, et qui s'appuie sur des monuments certains.

Le Lemovicien Guidon, dans sa Chronique (1), raconte que lorsque saint Martial vint à Bordeaux, son premier soin fut de construire une église en l'honneur de saint Etienne, le premier martyr, et que plus tard, à la suite d'une révélation miraculeuse, il érigea un temple plus grand sous le vocable de Saint-André.

Ce récit est populaire à Bordeaux, et de temps immémorial les fidèles attribuèrent à saint Martial l'érection d'une église de Saint-Etienne, qui se trouve aujourd'hui englobée dans les constructions de l'Eglise de Saint-Seurin.

« L'église Saint-Etienne, dit M. l'abbé Cirot de la Ville (2), fut le premier temple chrétien à Bordeaux; son nom est même un caractère d'antiquité; la marque distinctive des anciennes églises est d'être consacrées au Sauveur, à la Sainte-Vierge, à saint Etienne, ou à quelqu'un des Apôtres. »

Cette réflexion du savant que je cite est très judicieuse, et elle est pour moi une preuve de l'authenticité de la tradition. J'ai lu beaucoup de légendes des saints des premiers siècles, et en les rapprochant et en les comparant j'ai été frappé de diverses circonstances qui se produisent sans cesse et qui m'ont démontré de la manière la plus évidente qu'au

---

(1) Labbe : Nova Bibliotheca Manuscript. tom. Ier, pag. 629.
(2) *Notice sur l'Eglise de Saint-Seurin*, pag. 17.

milieu des fables plus que naïves qui les entachent souvent, ces légendes portent en elles une empreinte de la vérité impossible à méconnaître.

Les saints qui sont honorés comme les prédicateurs de la foi dans les principales villes de la Gaule, comme Narbonne, Toulouse, Arles, Bordeaux, Tours, Sens, Reims, Metz..., ne se sont point établis dans ces cités par un choix de leur volonté, ou par une inspiration soudaine; ils ont obéi à un ordre supérieur qui leur assignait cette résidence et qui la leur désignait comme un centre d'opération. De ce point, ils ont dirigé leurs disciples sur des villes secondaires, et c'est ainsi que peu à peu, et dans l'espace de deux siècles, la foi s'est répandue dans toute la Gaule.

La légende a soin de nous apprendre en outre que leur premier soin a été d'ériger une église, une chapelle, un oratoire en l'honneur de la sainte Vierge, de saint Etienne, de saint Pierre ou l'un des Apôtres.

Par le seul fait que l'histoire de saint Martial ressemble dans ses points principaux à celle des autres chefs de mission, je l'admettrais comme certaine, alors même que la tradition ne l'aurait pas confirmée.

Mais à Bordeaux nous ne sommes plus obligés de nous en rapporter seulement aux souvenirs du peuple; il reste au sein même de la cité et dans les environs des traces du passage de saint Martial. Ces traces sont les débris de l'Eglise dont on lui attribue la consécration.

L'Eglise de Saint-Etienne, la première qui fut construite à Bordeaux, s'élevait hors l'enceinte de la ville. Les premiers chrétiens voulurent reposer après leur mort près du lieu où ils avaient prié entourés de leur famille, et bientôt cette Eglise fut entourée de tombeaux.

Or, on a trouvé dans quelques-unes de ces sépultures des médailles du II⁰ siècle, et cette découverte seule suffirait pour mettre hors de doute l'antiquité de cette Eglise.

Dans un autre cimetière, celui de Terre-Nègre, les sépultures des chrétiens ont été superposées à celles des païens, et dans aucune de ces dernières on n'a trouvé de médailles postérieures au II⁰ siècle.

Voici comment s'exprime à ce sujet le savant Jouannet : (1)

« Parmi les objets sans nombre retirés des sépultures antiques du département, les plus dignes d'attention sont sans contredit les médailles, parce qu'elles peuvent donner la date approximative de l'époque à laquelle les rites payens cessèrent d'être pratiqués publiquement dans le pays. Or, le cimetière de Terre-Nègre a été exploré avec soin pendant plus de vingt-ans, on en a retiré plusieurs milliers de vases et une très grande quantité de médailles; deux ou trois tumulus des landes ont été scrutés avec quelque constance, ils ont aussi fourni des vases et des médailles; et cependant sur plusieurs centaines de ces monnaies antiques, on *n'en a point reconnu de postérieures au II⁰ siècle*. Nous ne prétendons pas déduire de ce fait la date de l'établissement du christianisme à Bordeaux, mais seulement fournir à ceux qui le chercheront une des données du problème ».

Et il écrit dans une note :

« Nous ajouterons un autre fait : c'est que le plus ancien cimetière de Bordeaux, celui de Saint-Seurin, ayant été fouillé profondément sur quelques points, en 1790, on trouva, sous plusieurs lits de tombeaux, d'autres cercueils en pierre qui renfermaient des médailles du II⁰ siècle, des

---

(1) Jouannet. *Statistique de la Gironde,* tom. 1ᵉʳ, page 245.

vases et d'autres antiquités ; circonstances qui semblent indiquer une époque de transition ».

Saint-Etienne, placée en dehors de l'enceinte de la ville, a été exposée à diverses reprises au pillage, à l'incendie ; et toutes les fois qu'elle a été reconstruite, les mains pieuses qui en relevaient les murailles renversaient les substructions anciennes pour agrandir le périmètre sacré ; cependant, la main du temps n'a pas tellement dispersé les débris de la construction primitive que la sagacité des archéologues n'ait pu lui assigner une date certaine.

Sylvestre Barbe, sacriste de Saint-Seurin, en 1750, consignait, dans un Mémoire judiciaire, les observations suivantes : (1).

« Cette église (Saint-Etienne) annonce par elle-même son antiquité. Une partie des murs est encore construite de petites pierres carrées entrecoupées horizontalement en de certains endroits par de grosses briques ; ce qui indique, sans contredit, une construction des plus anciennes. C'est ainsi qu'est bâti le Palais-Gallien, qui n'est pas fort éloigné de cette église, qui fut construite vers le temps de la mission de saint Martial, c'est-à-dire vers le milieu du IIIe siècle... »

Nous ne querellerons pas le sacriste de Saint-Seurin sur l'époque qu'il assigne à la mission de saint Martial. — Il suivait sur ce point le Bréviaire de Bordeaux, en usage de son temps.

Il nous suffit qu'il ressorte deux faits de son récit. — Il a vu les restes d'une construction romaine qui, manifeste-

(1) *Note sur les changements survenus dans l'état de l'Eglise de Saint-Seurin, à Bordeaux, et sur son clergé*, par L. de L.

ment, a fait partie de l'Eglise de Saint-Etienne, et la tradition, qui *n'a jamais varié*, affirmait que cette construction avait été dirigée par saint Martial.

Il est un autre témoignage qui prouve, quoique d'une façon indirecte, que le sacriste Sylvestre Barbe s'est trompé sur la date de l'arrivée de saint Martial.

Il a existé au VIe siècle (de 541 à 565) un évêque du nom de Léonce II, dont Venantius Fortunatus a célébré la mémoire. D'après le poète, cet évêque a surtout mérité la louange pour avoir bâti de nouveaux temples et pour en avoir relevé un grand nombre qui étaient tombés par suite de vétusté :

Templa vetusta Dei revocasti in culmine prisco
Postque suum lapsum nunc meliora placent (1).
Flore juventutis senio fugiente coruscant
Et tibi læta favent, quæ renovata virent.

Mais si saint Martial n'est venu à Bordeaux qu'au milieu du IIIe siècle, il ne s'est pas écoulé deux cents ans entre Léonce II et lui. Comment admettre que dans si peu de temps des édifices aussi considérables que des églises fussent tombés par suite de vétusté ? La moindre maison dure davantage (2).

(1) Venantius Fortunatus : *De Leontio Episcopo*, pag. 40 à la fin.

(2) M. l'abbé Aubert, président de la section d'archéologie au congrès de Bordeaux, nous a fait observer qu'il n'est pas étonnant que les premières églises aient duré si peu, car elles étaient bâties en torchis et à pans de bois. Cette observation est vraie en général ; elle ne l'est pas d'une manière absolue. Que dans les *provinces* soumises à toutes les lois romaines la rigueur des proconsuls et des préfets du Prétoire n'ait pas permis aux chrétiens d'élever des édifices somptueux, cela est possible ; mais chez les peuples *liberi*, qui n'étaient

On ne nous répondra pas que ces édifices étaient tombés sous la main des barbares, car le poète se sert, à plusieurs reprises, du mot *vetustas* qui, dans certains cas, signifie presque pour lui l'antiquité (1).

tenus de n'accepter des lois romaines que celles qui intéressaient la dignité et la grandeur de l'empire, la tolérance des magistrats municipaux a bien pu consentir à l'érection d'édifices plus vastes. C'est ainsi que chez les Rémois, peuple libre, on a trouvé, au siècle dernier, une crypte reproduisant exactement les dessins des catacombes de Rome. A Bordeaux, il est constant que le premier temple a été construit en pierres et en briques.

Enfin, le vers lui-même :

Templa vetusta Dei revocasti in culmine Prisco

indique tout autre chose que des masures.

(1) Témoin ces vers relatifs au fameux *templum Vernemetis*, voisin de Bordeaux, qui a tant occupé les savants : Fortunatus, lib. I. pag. 30.

Nomine Vernemetis voluit vocitare vetustas,
Quod quasi fanum ingens gallica lingua refert.

Il n'est pas difficile, dit à ce sujet le savant Lancelot, de reconnaître que *Ver* est *ingens* et que *Nemetis* est *templum*. Alors tous les noms de lieux qui ont ce nom deviennent clairs.

Augusto Nemetum est le temple d'Auguste ; *Nemetodurum* est la porte du temple ; Nemetacum *locus templi*, lieu où il y a un temple. Nemetocenna, le temple des vierges ou des prêtresses, Cena, Quena, *Sacerdos femina, mulier*.

Ver, signifiant grand, nous fait déjà entendre la première partie du nom de *Vergobretus*, qui était si connu chez les Æduens. *Summus magistratus quem* Vergobretus *appellant ædui, qui creatur annuus et vitæ necisque in suos habet potestatem* a donné tant de peine à tous les auteurs des glossaires. — Vercingétorix devient le grand Cingétorix, etc... Il ne serait peut-être pas impossible de parvenir à la découverte de nos termes gaulois, et cela pourrait donner matière à une dissertation. *Mémoires de litt. de l'Acad. des Inscript. et Bel.-Let.* tom. VI. — *Recherches sur Gergovia et quelques autres anciennes villes de la Gaule*, par M. Lancelot.

Ainsi, la tradition, l'histoire, l'architecture, la poésie, tout s'accorde à démontrer que nous devons à saint Pierre et à ses premiers successeurs notre initiation aux vérités de l'Evangile.

§ VI.

LES DIPTYQUES DES ÉVÊQUES. — ORIENTALIS, SAINT DELPHIN, SAINT AMAND, SAINT FORT — GALLICIN.

Malgré la série de faits que je viens de citer, il est un argument que l'on ne manquera pas d'évoquer, et l'on me fera remarquer que de saint Martial à Orientalis, le premier des évêques connus, on ne trouve la trace d'aucun prélat qui ait administré l'Eglise de Bordeaux.

Comment donc, si l'Eglise de Bordeaux existait au IIe siècle, ne retrouve-t-on la trace d'aucun de ses évêques ?

Cette objection n'a rien qui m'effraie; j'y ai déjà répondu en traitant de l'Eglise de Reims, et, en dehors des arguments que j'ai fait valoir, je puis encore produire les raisons suivantes :

Dans les premiers siècles, les pasteurs des Eglises ont très peu écrit. La crainte des barbares, le danger de voir tomber entre leurs mains les livres saints, faisait que tous se transmettait par tradition.

Au Ier siècle, il s'était élevé une classe d'hérétiques qui ne voulait rien admettre qui ne fût consigné dans les archives.

Saint Ignace, dans son Epître *ad Magnesianos*, les condamne, et leur répond : *Jesus mihi pro Archivis est, nec spiritui debent Archiva Præferri.* — Dans le IIe siècle, saint

Irénée, écrivant contre les hérétiques, les adresse aux Eglises, et les invite à consulter celles-ci sur ce qu'elles croient des traditions.

Au IIIe, Tertullien renvoie les hérétiques non aux écritures, mais aux traditions conservées par les Eglises. « Consultez, leur dit-il, les Eglises où par succession, depuis les Apôtres, les Pasteurs ont professé les vérités, et voyez ce qu'elles enseignent. »

Ces trois exemples, choisis entre plusieurs autres, établissent le rôle important de la tradition. Tout se transmettait de vive voix; comment donc est-il étonnant que les Eglises aient perdu la mémoire de leurs premiers pasteurs, si, surtout, aucun évènement remarquable n'est venu signaler leur pontificat? — Au milieu des invasions barbares, des persécutions de toute sorte dont a eu à souffrir l'Eglise de France pendant les premiers siècles, les diptyques des Eglises, les Obituaires n'ont-ils pas été déchirés et brûlés à plusieurs reprises? La mémoire des fidèles n'a pu conserver que les noms et les gestes des principaux saints et a oublié les faits secondaires.

Et ces lacunes dans nos Annales sont vraies, non-seulement pour l'histoire ecclésiastique, mais encore pour l'histoire civile. C'est ainsi que, du IIIe au IVe siècle, la Gaule a été exposée sans cesse aux invasions des barbares. Quels détails trouve-t-on de ces malheurs dans les historiens? C'est à peine si ces invasions, ces massacres, à la suite desquels s'anéantissaient les villes et les cités, obtiennent une mention de quelques lignes; et si les ruines ne parlaient pas plus haut que les écrivains, nous ignorerions complètement les catastrophes dont la Gaule fut affligée pendant cette période.

Les Eglises ont subi une large part de ces révolutions et souvent, par suite des malheurs des temps, les siéges épiscopaux ont éprouvé de longues vacances. — Grégoire de Tours a soin de nous l'apprendre lui-même (1) : « Que si, dit-il, quelqu'un demande pourquoi après la mort de l'évêque Gatien il n'y eut qu'un évêque jusqu'à saint Martin, que celui-là sache que par suite de l'opposition des païens, la ville de Tours fut longtemps sans bénédiction sacerdotale. »

Les persécutions exercées par Dioclétien, de 303 à 313, à cette époque sanglante que l'on appela l'ère des martyrs, firent croire un instant que le christianisme avait disparu de la surface de la terre, comme le prouvent les deux inscriptions suivantes : (2).

DIOCLETIANVS IOVIVS, ET
MAXIMIANVS. HERCVLVS
CAES. AVGG.
AMPLIFICATO PER ORIEN
TEM. ET. OCCIDENTEM
IMP. ROM.
ET
NOMINE. CHRISTIANORVM
DELETO. QUI. REMP. EVER
TEBANT.

---

(1) Quod si quis requirit cur, post transitum Gatiani episcopi, unus tantum usque ad sanctum Martinum fuisset episcopus, noverit quia, paganis obsistentibus, diu civitas Turonica sine benedictione sacerdotali fuit... *Hist. Franc.* lib. I. Cap. ult.

(2) Gruter. pag. CCLXXX. Inscript, 3 et 4. Donati, tom. 2. p. 100.

DIOCLETIAN. CAES.
AVG. GALERIO. IN ORI
ENTE. ADOPT. SVPERS
TITIONE. CHRIST.
VBIQ. DELETA. ET CVL
TV DEORVM PROPAGATO.

On sait par Lactance que Maximin avait fait vœu à Jupiter d'éteindre le nom chrétien (1).

Néanmoins, les vacances plus ou moins prolongées des siéges n'ont pas eu pour résultat d'étouffer dans leur berceau des Eglises naissantes. Les persécutions ont été un obstacle au développement de la foi ; elles n'ont pu complètement anéantir les germes déposés dans les cœurs. Tous les siéges n'ont pas vaqué à la fois, et les évêques ont dû nécessairement envoyer des secours spirituels aux Eglises veuves et délaissées ; de là ces évêques régionnaires dont l'histoire nous a révélé l'existence et qui parcouraient les diverses contrées prêchant l'Evangile, portant des consolations, ravivant les espérances. Que l'on prenne ce qui nous reste des Catalogues de nos premiers évêques, et l'on reconnaîtra que dans un périmètre d'un développement moyen il y a toujours eu une Eglise administrée par un Evêque.

Je disais tout à l'heure que la mémoire des générations avait été infidèle, et qu'elle avait oublié le nom de la plupart de ces premiers pasteurs. Bordeaux nous offre un exemple frappant de cette défaillance.

Le premier évêque que nous connaissons est Orientalis ;

---

(1) De morte persecut. Cap. XLVI : Maximinus votum Jovi vovit, ut si victoriam cepisset, Christianorum nomen extingueret, funditusque deleret.

mais le souvenir de ce prélat ne nous a pas été transmis par la tradition locale; il n'a laissé aucun souvenir à Bordeaux; et l'on ne sait qu'il a existé que parce qu'il a figuré en 314, avec son diacre Flavius, parmi les signataires du premier Concile d'Arles.

Donc, si le Concile n'avait pas eu lieu, si une maladie avait retenu Orientalis dans sa ville épiscopale, son existence serait complètement ignorée et l'on serait en droit de nous dire que de son temps le siège épiscopal n'était pas occupé.

Cependant, il est certain qu'Orientalis n'est pas le fondateur de l'Evêché de Bordeaux. Il a donc eu au moins un prédécesseur.

Après Orientalis, il faut venir jusqu'en 384 pour lire dans les Diptyques le nom d'un Evêque; mais alors on se trouve en face d'un des plus grands saints, d'un des plus vertueux prélats qui aient illustré l'Eglise de France.

Saint Delphin était un Evêque d'une sainteté si grande, que saint Paulin n'hésite pas à le placer sur la même ligne que les Apôtres (1). Defenseur ardent de l'orthodoxie, non seulement il vint dans deux Conciles combattre le schisme, mais encore il publia une vigoureuse réfutation de l'Arianisme (2).

Il était lié d'une amitié telle avec Phébadius, l'évêque d'Agen qui présida le Concile de Saragosse, que saint Ambroise ne donne à Polybius qu'une lettre unique de recommandation pour eux deux, afin, dit-il, de ne pas séparer les noms de ceux que le cœur rapproche (3). Cette amitié

---

(1) *Natalit.* 11. 154.
(2) On trouve les œuvres de saint Delphin dans *Gallœnus*, tom. 5.
(3) *Ambros.* Epist. 87. Al. 70.

fut un bienfait de la Providence pour nos contrées; car, de concert avec Phébadius, Delphin agit dans l'ouest de la Gaule, comme Martin dans le centre, Victrice de Rouen dans le nord, comme plus tard le Bordelais Exupère, Evêque de Toulouse, dans le sud.

Saint Delphin a joui de toute la faveur de l'Empereur Maxime; c'est lui qui, à l'aide de son fidèle Amandus, a initié notre grand Paulin aux vérités du Christianisme.

Il a exercé une influence immense sur son époque (1), et cependant quel est le souvenir que son Eglise a conservé de lui? Elle ignore et son âge et son origine. On le voit apparaître pour la première fois sur la scène du monde en 381, et à cette époque déjà il devait être avancé dans la vie; nous en avons la preuve par le seul fait de cette amitié qui le liait à Phébadius, le doyen des Evêques présents au Concile de Saragosse.

Elle ignore la date de sa mort et la fixe au hasard vers 398, alors que les découvertes nouvelles de la science disent qu'il est né à la vie éternelle vers 403. Elle se souvient de son nom, elle se rappelle ses vertus et les cite en exemple; elle ne sait rien de plus.

A saint Delphin succède Amandus, son ami, le compagnon de toute sa vie; Amandus, le héros de la tradition, qui se plaît à nous redire la sainteté de sa vie, son humilité profonde, son parfait renoncement aux choses de la terre. Dieu, pour l'éprouver, lui ordonne de quitter son siège épiscopal et de le céder à un étranger, saint Séverin de Cologne; saint Amandus obéit, il se retire au fond d'un cloître et ne reprend sa charge qu'après la mort de saint Séverin.

---

(1) Voyez à ce sujet la *Vie de saint Paulin,* par le docteur Busé.

Mais quel a été son successeur? que s'est-il passé au sein de l'Eglise de Bordeaux de 410 à 475? Pendant cette période, bien des malheurs, bien des fléaux ont frappé le peuple et la cité et désolé l'Aquitaine.

Chacun sait, en effet, que la veille des kalendes de Janvier 406, les barbares du Nord franchissant le Rhin inondèrent notre pays de leurs populations armées, brûlant et saccageant tout sur leur passage. Après eux vinrent les Goths, plus terribles encore, car à l'avidité féroce des autres ennemis de l'empire romain, ils joignaient une haine implacable contre le catholicisme. Leur fureur s'attacha contre les chrétiens qui n'acceptèrent pas l'Arianisme, contre les prêtres qui l'anathématisèrent.

Les édifices sacrés furent brûlés ou livrés aux usages les plus immondes, les livres saints lacérés, les Evêques mis à mort et les Eglises restèrent longtemps veuves de leurs pasteurs.

Au milieu de ce désordre les voix des Aquitains Sulpice Sévère et Paulin, sont muettes; Salvianus, Sidoine Apollinaire, saint Jérôme retracent en traits de sang le tableau de dévastation que présente l'Aquitaine dans cette sinistre période; mais ils ne nous apprennent rien de particulier sur Bordeaux.

C'est à peine si, dans cette sombre nuit, on distingue à la lueur d'un éclair la tête d'un évêque qui tombe et la population en pleurs qui recueille ses restes; mais cet évêque, quel est son nom? par quelles éclatantes vertus a-t-il mérité la palme du triomphe, la couronne du martyr? Chacun l'ignore; seulement la foule qui, chaque année, se presse autour de son tombeau sait que les ossements qu'elle vénère sont ceux de saint Fort, (1) du martyr intrépide qui, au prix de son sang, a obtenu de Dieu que l'Arianisme ne souillerait pas sa ville épiscopale. Elle sait que, sur cette terre, il a défendu son troupeau ; que, du sein de l'immortalité, il prie pour lui ; elle en a fait un de ses patrons ; elle place ses enfants sous sa protection ; qu'à-t-elle besoin de savoir son nom ? (2).

(1) Quelques savants veulent que saint Fort soit le même que Sigebert, ce Pontife païen que saint Martial convertit au christianisme. Cette hypothèse ne me paraît pas fondée. L'Eglise de Bordeaux honore saint Fort comme un martyr. Rien ne prouve que Sigebert ait versé son sang pour la foi. Il est au contraire certain que la persécution d'Evarix fit périr l'Evêque de Bordeaux.

(2) Qu'il nous soit permis de soumettre en toute humilité à nos lecteurs, sur le saint anonyme de Bordeaux, une hypothèse qu'a fait naître dans notre esprit la lecture de la 40e *Lettre* de saint Paulin.

Paulin avait laissé à Bordeaux un ami d'enfance nommé Sanctus, qu'il perdit de vue pendant les premières années qu'il passa à Nole. Vers 405, Sanctus lui écrivit, et Paulin lui répondit par ses admirables *Lettres* 41 et 42. On y voit que, comme son ami, Sanctus s'était détaché des biens de la terre pour se réfugier tout en Dieu et qu'il vivait en commun avec Amand, alors évêque de Bordeaux. Il fallait même qu'il fût arrivé à un degré de perfection remarquable, car saint Paulin sollicite ses prières avec une touchante ardeur, avec une conviction profonde de leur efficacité :

« Priez instamment pour moi, s'écrie-t-il, afin que je reçoive un cœur qui réponde aux grands bienfaits dont Dieu m'a comblé, et que, après avoir méprisé les biens temporels, je sache aussi me mépriser moi-même. » (*Lettre* 40e).

Puis, plus loin :

« Demandez donc à Dieu que nos âmes soient vierges, et qu'elles soient fécondes ; qu'elles soient vierges sans stérilité, qu'elles soient fécondes sans corruption... »

Ne serait-ce pas ce Sanctus, poète lui-même, auteur de plusieurs

Lopez a cru que saint Fort était le même que Gallicin, connu seulement par la mention qu'en fait Sidoine Apollinaire dans une de ses *Lettres*.

Dans un écrit, il invite Lampridius à aller baiser la main de l'évêque Gallicin :

> *Sed si tecta negant ut occupata,*
> *Perge ad limina mox Episcoporum*
> *Sancti et Gallicini manu osculata*
> *Tecti posce brevis vacationem.*

Mais M. l'abbé Sabatier a déjà démontré, avec cette profondeur qui le distingue, que l'opinion de Lopez est erronnée :

« Voici, dit-il, les raisons que nous avons de penser que Gallicin n'est point l'évêque martyrisé par les Visigoths.

» Lopez, et avec lui tous les historiens qu'il a copiés ou qui ont été ses copistes, se trompent quand ils placent cette persécution en l'an 474. C'est cette année même qu'Evaric

---

hymnes sacrées, qui aurait succédé à Amandus et qui aurait péri victime de la fureur des Ariens ? On comprendrait alors comment le peuple de Bordeaux a oublié son nom, ou plutôt, comment il a pris l'épithète pour le nom. On sait, en effet, que les martyrs sont appelés par l'Eglise les *saints forts*, sancti fortes, viri fortes ; et l'on possède plusieurs bulles de Papes, à la fin desquelles les pontifes demandent aux évêques de prier pour eux sur le tombeau de leurs saints forts.

La population bordelaise n'a pas compris qu'il y eut un saint du seul nom de Saint : Saint Saint ; elle a vu dans Sanctus un adjectif au lieu d'un nom propre ; elle a cherché ce nom propre, et elle a trouvé celui de saint Fort.

Chifflet, dans son *Paulinus illustratus* et tous les auteurs qui l'ont copié pensent que l'Amandus dont parle Paulin dans sa 40ᵉ *Lettre* n'est pas l'Archevêque de Bordeaux. Cependant le texte prouve le contraire.

mit le siége devant Clermont; or, c'est antérieurement à ce siége que Sidoine publia les premiers livres de ses *Lettres*, dont fait partie celle dans laquelle on lit le tableau de la désolation des Eglises renfermées dans le royaume des Visigoths, désolation que l'absence prolongée des pasteurs rendait chaque jour plus horrible (Let. 6. Liv. 7).

» Gallicin dont il est fait mention dans la *Lettre* à Loup, évêque d'Agen, occupait, il est vrai, le siége de Bordeaux lorsque Lampridius reçut les vers dont nous avons parlé et qui y sont reproduits; mais dans cette *Lettre*, l'illustre évêque de Clermont parle de Bordeaux avec une abondance de détails qui suppose le séjour qu'il y fit. Cette *Lettre*, de plus, ne fait point partie des livres publiés avant 474 (Let. 11. Liv. 8). »

Je me suis déterminé à analyser cette partie du catalogue de nos Evêques pour deux raisons: je voulais démontrer d'une manière tangible que si la série de nos évêques présente de nombreuses lacunes, il ne s'ensuit pas que les Eglises fondées pendant les deux premiers siècles aient jamais cessé d'exister. Les catalogues sont incomplets parce que, d'une part, la barbarie des temps a fait oublier plusieurs noms, et ensuite parce que les persécutions ont causé dans les Eglises des deuils profonds et laissé de longs intervalles dans l'ordre de succession des Pontifes.

L'histoire des Evêques de Bordeaux en offre comme on vient de le voir de remarquables exemples; je vais essayer de les rendre plus frappants.

D'après Lopez, Léonce II fut le neuvième Evêque de Bordeaux.

Cependant, Venantius Fortunatus, qui fut au VIe siècle Evêque de Poitiers, le compte comme le treizième:

Tertius à decimo tu verbi antistes eris
Sed primus meritis enumerandus eris.

Ainsi, au temps où chantait le poète on connaissait quatre Prélats dont les noms se sont perdus depuis; pourquoi ne serions-nous pas en droit de soutenir que du Ier au VIe siècle la main du temps en avait rayé plusieurs autres des obituaires?

C'est ainsi, par exemple, qu'à Clermont, Vénérandus, qui vivait du temps de saint Delphin, occupe, sur la liste des évêques, le septième rang, tandis que, à Bordeaux, Delphin n'est classé que le troisième par Lopez.

Et qu'ai-je besoin d'aller plus loin? Au moment où j'imprime ces lignes, M. l'abbé Sabatier ne démontre-t-il pas au Congrès scientifique que du XIIIe au XVIe siècle, c'est-à-dire pendant une période de temps où les documents abondent, le catalogue des Evêques de Bordeaux est inexact; que les noms, la chronologie sont très souvent intervertis? Comment s'étonner de voir l'histoire trébucher et s'égarer sur des ruines, lorsqu'elle se perd au milieu des documents les plus riches!

Je crois avoir démontré d'une manière certaine que l'Eglise de Bordeaux a été fondée au Ier siècle, et qu'elle a subsisté sans interruption jusqu'au IIIe. Si nous ne connaissons pas les noms des Evêques qui ont dirigé dans les sentiers de la foi les pas de nos premiers pères, c'est que la main du temps et, plus encore, celle des barbares a déchiré les obituaires, et que l'oubli, ce second linceul des morts, a enveloppé le nom de ces évêques d'un voile à jamais impénétrable. Mais si l'Eglise de Bordeaux a été frappée quelquefois, elle est constamment restée debout, remplaçant sur ses diptyques les noms de ses premiers évêques par des noms toujours aussi chers, toujours aussi révérés.

Je termine ici ma tâche; mon travail écrit à la hâte, au milieu des soucis de la vie civile, est sans doute bien incomplet; mais j'accueillerai de grand cœur les critiques que mérite son imperfection, si Vous daignez, Monseigneur, pardonner à sa faiblesse, et si je parviens à faire passer dans quelques esprits la conviction dont je suis animé.

Je suis, avec le respect le plus profond,

Monseigneur,

De Votre Eminence

le très-humble et très obéissant serviteur,

L. W. RAVENÈZ.

Pour obéir aux désirs manifestés par M. l'abbé Sabatier, je publie ici les observations que j'ai faites dans la dernière séance du Congrès scientifique, au sujet des travaux des Bollandistes, sur saint Seurin, évêque de Cologne et de Bordeaux. Je donne mon discours tel que je l'ai prononcé, dans l'espoir que, malgré ses négligences et ses imperfections, il pourra servir de base à une discussion plus approfondie. Dans tous les cas, je tiens à honneur d'avoir été appelé, par le vote unanime de la section d'archéologie, à protester le premier contre des doctrines qui, si elles étaient admises, renverseraient toutes les traditions de l'Eglise de Bordeaux, et jetteraient inutilement le trouble dans les consciences.

OBSERVATIONS

SUR

SAINT SEURIN DE BORDEAUX

Monseigneur, (1)
Messieurs,

La Bibliothèque de Bordeaux a reçu, hier, le dixième volume que les Bollandistes viennent de faire paraître sur les Saints d'octobre. Ce volume contient la vie de saint Seurin de Bordeaux et celle de saint Severin, évêque de Cologne.

Vous le savez tous, Messieurs, l'Eglise de Bordeaux a toujours cru que saint Severin de Cologne est l'évêque qu'elle honore comme le successeur de saint Amand.

D'après une tradition immémoriale, qui est confirmée par Grégoire de Tours, saint Seurin, Aquitain d'origine, aurait été envoyé à Cologne, et là il serait mort sur le siége pontifical après l'évêque Euphratas. Sur la fin de sa

(1) La séance était présidée par Son Em. Monseigneur le Cardinal Donnet.

vie, un ordre d'en-haut lui aurait enjoint de revenir à Bordeaux, et d'y prêter son concours, son appui à saint Amand, qui avait succédé à saint Delphin. Après quelques années consacrées à combattre l'Arianisme, il y aurait terminé une vie pleine de vertus et d'années.

Ainsi qu'ils m'avaient fait l'honneur de me l'écrire, ainsi que l'avait dit avant eux le savant docteur Busé, auteur de la vie de saint Paulin, les Bollandistes n'admettent pas qu'il y ait parité entre ces deux personnages. D'après leur jugement, ils sont complètement distincts. Saint Seurin de Bordeaux n'est pas saint Seurin de Cologne.

Toute décision émanant des Bollandistes est une chose sérieuse, importante. Aussi, toutes les personnes qui s'occupent de l'histoire d'Aquitaine attendaient avec une vive impatience les motifs sur lesquels se base la sentence des illustres hagiographes. J'ai lu ce qu'en termes de palais on pourrait appeler les considérants de leur jugement, et je suis heureux de pouvoir proclamer le premier que ce jugement est loin d'être sans appel.

Leur argumentation repose sur quatre points. — D'après la tradition, saint Seurin de Cologne est originaire d'Aquitaine; d'après Grégoire de Tours, saint Seurin de Bordeaux a vu le jour en Orient; et comme au IVe siècle l'Eglise d'Afrique a fourni beaucoup d'évêques à la Gaule, saint Seurin de Bordeaux doit avoir l'Afrique pour patrie.

Saint Seurin a succédé entre 350 et 360 à Euphratas, qui fut déposé au concile de Cologne.

La chronologie s'oppose à ce qu'il ait pu revenir à Bordeaux remplacer saint Amand, car ce dernier n'a succédé à saint Delphin qu'après l'an 400. Or, la durée d'un semblable épiscopat, augmenté du temps qui s'est écoulé depuis la naissance de l'évêque, dépasserait les limites de la vie ordinaire.

Lorsque saint Seurin est parti de Cologne, cette ville était la proie des Allemands, des Vandales, des Alains, les uns idolâtres, les autres ariens. Mais le bon pasteur donne sa vie pour ses brebis; le mercenaire quitte son troupeau à l'approche des loups ravisseurs. Le départ de saint Seurin pour Bordeaux n'est plus une mission; c'est une fuite.

Enfin, le Concile de Sardique défend le changement de siéges entre les évêques. Comment admettre que d'aussi saints personnages aient violé les canons d'un Concile qui venait d'être promulgué.

Ces raisons sont plus spécieuses que vraies. — Je vais essayer de les refuter en quelques mots. Si mon argumentation n'est pas aussi satisfaisante que vous avez le droit de l'exiger, vous aurez la bonté de m'excuser, Messieurs, en songeant qu'à deux heures j'ignorais encore que j'aurais l'honneur de prendre, ce soir, la parole devant vous.

Grégoire de Tours est le seul qui donne l'Orient pour patrie à saint Seurin; mais rien dans son récit ne fait supposer que par Orient il entende l'Afrique. Tous les Martyrologes, toutes les légendes, la vie publiée récemment à Bordeaux, par la Société des monuments historiques, sont unanimes pour reconnaître que saint Seurin est Aquitain d'origine. Rien donc n'autorise les Bollandistes à le faire venir d'Afrique.

Quant au Concile de Cologne, rien n'est moins certain que la déposition d'Euphratas. On est à peu près d'accord pour admettre qu'il s'est tenu en 346; mais un grand nombre d'auteurs pensent que l'évêque de Cologne qui y fut déposé ne s'appelait pas Euphratas. Au contraire, il est certain qu'Euphratas succéda à l'évêque déposé qui se serait nommé Ephriatas ou Euphraxe.

Cette opinion est celle d'un Bollandiste, le P. Henscheinius, celle de Pagi, celle de Dom Calmet, celle du père Longueval.

Euphratas, loin d'avoir été déposé, aurait au contraire été spécialement chargé par le Concile de Sardique qui se tint en 347, de se rendre avec saint Athanase près de l'Empereur Constance, pour défendre devant lui les intérêts du catholicisme menacé. C'est saint Athanase lui-même qui nous l'apprend dans sa lettre aux solitaires.

Mais si Henscheinius a dit vrai, si Euphratas est monté sur le siége de Cologne après 347, il a dû gouverner son Eglise pendant un certain nombre d'années, et ce laps de temps raccourcit la durée de l'Episcopat de saint Seurin. Ainsi tombe la seconde objection des Bollandistes.

Du fait qu'Euphratas fut chargé de défendre près de l'Empereur la cause de l'orthodoxie, on peut déduire le motif qui lui fit donner Severin pour successeur.

A cette époque, l'Eglise de Bordeaux était gouvernée par Delphin, ce prélat, que saint Paulin a comparé aux apôtres et qui est certainement l'une des grandes figures de son époque. Delphin était une des colonnes de l'Eglise; de concert avec Phébadius, évêque d'Agen, il avait attaqué et vaincu l'Arianisme dans deux Conciles, à Sarragosse et à Bordeaux. Les livres qu'il a laissés contre l'hérésie font encore autorité de nos jours. Bordeaux brillait alors de tout l'éclat de la science. La réputation de son Evêque et de ses écoles a dû faire rechercher par toutes les Eglises les jeunes docteurs qui s'y formaient; voilà comment saint Seurin, dans la force de l'âge, fut appelé sur les bords du Rhin, et que par l'éclat de ses vertus, il mérita d'y remplacer vers la fin du quatrième siècle, le compagnon de saint Athanase, l'évêque Euphratas.

Ces attachements aux dogmes de l'Eglise romaine, cette foi dans ses doctrines expliquent encore la mission que saint Seurin reçut après la mort de Delphin et qui le rappela à Bordeaux. Ce ne fut pas une fuite. Le saint évêque obéit à un mandat.

Il est certain que le 31 décembre 406, les Vandales, les Alains, se précipitèrent sur la Germanie première, que Mayence, Worms, Spire, Strasbourg, furent prises et détruites; que la Belgique fut saccagée, et que de là le torrent se précipita sur l'Aquitaine. Mais rien ne prouve que Cologne fut atteinte par ce cataclysme. Ni Salvianus, ni saint Jérôme ne nomment cette ville au nombre de celles qui furent ruinées et brûlées.

Quoiqu'il en soit, il me semble qu'avant de formuler une semblable accusation contre un personnage aussi éminent, les Bollandistes eussent dû démontrer que le voyage de Bordeaux eut lieu pendant l'invasion des barbares. Or, il est à remarquer que saint Delphin est mort en 402 ou 403, et que les Allemands n'ont commencé à pénétrer dans la Gaule, que le 1ᵉʳ janvier 407. N'avons-nous pas le droit à notre tour de soutenir que saint Seurin a quitté Cologne entre 402 et 407, alors que rien ne faisait présager les malheurs qui devaient frapper nos contrées.

La situation de Bordeaux, au contraire, méritait toute la sollicitude d'un Pontife aussi dévoué à l'orthodoxie que l'était Severin. Salvianus nous l'a déjà appris (1). Cette ville

(1) (Voyez page 19).

était souillée par les plus affreux désordres ; l'Arianisme y faisait chaque jour de grands progrès (1). Saint Amand, son évêque, devait être avancé en âge, car il avait été l'ami, le compagnon de saint Delphin. En fallait-il davantage pour échauffer le zèle d'un prélat, d'un enfant de l'Aquitaine ?...

Mais en partant, saint Seurin ne laissa pas sa ville épiscopale dans l'abandon ; il la confia aux soins de saint Evergesile, soldat vaillant, qui, par son courage, mérita plus tard la palme du martyre.

Ainsi, vous le voyez, Messieurs, la légende n'a rien qui répugne à l'histoire. Ecartons, si vous le voulez, l'ordre céleste auquel obéit saint Seurin. L'appel d'un évêque, le cri d'une Eglise en danger n'étaient-ils pas suffisants pour le décider à s'armer du bâton du pèlerin, et à revenir malgré son grand âge, protéger les tombeaux de ses pères.

Aussi, par une étrange contradiction, les Bollandistes n'osent-ils pas nier ce voyage. *Cœterum*, disent-ils, *ipsum iter Aquitanicum, cujus causœ plurimœ, licet nobis incognitœ, existere potuerunt, nullatenus negamus.* Seulement, ajoutent-ils, nous nions que ce voyage ait été entrepris sous le pontificat de saint Amand, et nous ne croyons pas que saint Seurin ait occupé le siége de Bordeaux. Mais pourquoi scinder une légende dont toutes les parties sont homogènes et que rien ne vient démentir ?

Je n'insisterai pas sur l'objection tirée du Concile de Sardique. Ce n'est plus là de la discussion, c'est de la plaidoirie. Avant de soutenir que d'aussi pieux personnages ont méconnu les canons d'un Concile récemment publié, il fau-

---

(1) (Voyez la vie de saint Seurin, publiée dans les archives historiques de la Gironde).

drait d'abord établir quelle fut la situation des deux évêques vis-à-vis l'un de l'autre. Il n'est prouvé ni que saint Seurin se démit de son siége de Cologne, ni que saint Amand abdiqua toute autorité épiscopale; le texte de Grégoire de Tours semble même indiquer le contraire. Il y a là tout un point historique à éclaircir, et c'est ce que n'ont pas fait les Bollandistes.

Enfin, les savants à qui je réponds n'ont point connu la vie publiée en 1860, par la Société des Archives Historiques de la Gironde. Quelques érudits estiment que cette vie est celle que Grégoire de Tours attribuait à Venantius Fortunatus, ou que tout au moins elle a été calquée sur elle. Il est probable que si ce document était venu jusqu'à eux, leur opinion ne serait pas celle qu'ils professent aujourd'hui.

Je m'arrête, Messieurs. Par cette analyse rapide des objections des Bollandistes, par l'aperçu que je viens de faire des moyens à employer pour les combattre, vous avez compris que leurs arguments n'étaient pas irréfragables. Le lien qui relie l'Eglise de Bordeaux à celle de Cologne n'est pas brisé, et comme par le passé, elles peuvent se réunir dans une même croyance, dans une même prière.

Bordeaux, 26 septembre 1861.

L. W. RAVENÈZ.

TABLE DES MATIÈRES.

Lettre adressée à l'auteur par M. l'abbé Sabatier, page v.

ETAT DE LA QUESTION. — Texte de Grégoire de Tours, 4, — de Sulpice Sévère, 5. — Persécution de Néron ; de Domitien, 6.

EGLISE DE LYON. — Inscriptions chrétiennes, 8. — Conciles tenus par saint Irénée, 10. — Eglise de Saintes ; de Narbonne, 10.

EGLISES DU MIDI DE LA GAULE. — Invasion de Chrocus, 13. — Saint Privat de Mende, 14. — Eglises d'Orange ; d'Arles ; de Valence ; de Nismes ; d'Agde, etc., 17. — Bordeaux au Ve siècle, 19.

EGLISE DE BORDEAUX AU Ier SIÈCLE. — La tradition : sa force, sa valeur, 22. — Saint Martial, 26.

EVANGÉLISATION DE L'ESPAGNE. — Inscription en l'honneur de Néron, 29. — Saint Paul en Espagne, 30. — Saint Paul de Narbonne, 33.

EGLISE DE BORDEAUX AU IIe SIÈCLE. — Saint Gilbert, 35. — Saint Clair ; saint Just, 37. — Les hérétiques du IIe siècle, 39. — Fondation de l'Eglise de Saint-Etienne attribuée à Saint-Martial, 40. — Cimetières chrétiens de Bordeaux, 42. — Le *Templum Vernemetis*, 45.

LACUNES DANS LES CATALOGUES DES EVÊQUES. — Leurs causes, 46. — Persécution de Dioclétien, 48. — L'évêque Frontalis, 48. — Saint Delphin, 50. — Saint Amand, 51. — Saint Fort, 52. — Opinion de M. l'abbé Sabatier sur Gallicin, 54.

OBSERVATIONS SUR SAINT SEURIN DE COLOGNE ET DE BORDEAUX, 59.

www.ingramcontent.com/pod-product-compliance
Lightning Source LLC
LaVergne TN
LVHW050622090426
835512LV00008B/1623